MENSAJE DE LA FAMILIA QUINTANILLA-PEREZ

A los admiradores de Selena:

Parte de las utilidades de este libro servirán directamente a la **FUNDACION SELENA**, creada exclusivamente para ayudar en la educación de las futuras estrellas tejanas.

Aunque el siguiente libro, sobre la historia de Selena no es la versión oficial de nuestra familia, en nuestra opinión; consideramos que interpreta y recopila muchos artículos y entreystas que se han escrito sobre Selena a lo largo de su carrera.

Por ello, expresamos nuestro agradecimiento a los editores, El Diario Books, por hacer posible la publicación de este libro.

ABRAHAM QUINTANILLA Sr.

Corpus Christi, Mayo de 1995

MENSAJE DE CONDOLENCIAS

Si usted desea enviar un mensaje personal de condolencias, a la familia Quintanilla-Pérez, puede hacerlo llamando al teléfono:

1-900-786-9000

Nota: Esta línea estará disponible recién a partir del 10 de Junio

El costo de cada llamada será $3.99.

Deducidos los gastos, parte de las utilidades serán para beneficio de la FUNDACION SELENA, creada sin fines de lucro, para ayudar en la formación de nuevas generaciones de artistas tejanos.

• CUPON •

SI, deseo ser incluído en la Lista de Correo de **El Diario Books** para recibir GRATIS información de nuevas publicaciones sobre *Selena*, música tejana, cultura *Tex-Mex*, y otras que ustedes editen de interés general.

NOMBRE:	....
DIRECCION:	....
CIUDAD/EDO/ZIP:	....
TELEFONO:	....

Enviar correspondencia a:

EL DIARIO BOOKS
143 Varick Street
New York, N.Y. 10013

Si no quiere desglosar esta página de su libro, sírvase enviarnos sus datos en una Postal de Correo regular.

¡16 PAGINAS DE DESCONOCIDAS Y BELLAS FOTOS DE SELENA QUE TU RECORDARAS PARA SIEMPRE!

¡LO QUE LOS DEMAS DICEN ACERCA DEL FABULOSO LIBRO, "SELENA, LA ULTIMA CANCION"!

"Una sensible y completa biografía de una hermosa mujer que tocó el corazón y las almas de millones de admiradores. Lo adquirí después del mediodía y no pude dejar de leerlo hasta pasadas las 3 de la madrugada. Contiene la información más completa que yo haya antes visto o escuchado acerca de Selena. La recomiento a TODOS para que aprendan a sentir el orgullo que sale de lo más profundo de esos seres que simplemente conocemos como ¡TEJANOS!"

- Godofredo Bonhomini,
International Music Records

"Se me llenaron los ojos de lágrimas mientras leía la historia de esta flor tejana, que creció de lo más profundo de la tierra, hasta las cimas más altas de la gloria. Quedé fascinada al leer la historia de esta valerosa familia que surgió de la nada para ayudar a su querida hija a llegar a la altura de la fama, el Premio Grammy y conquistando todo lo que muchos anhelan saborear. Quedé asqueada por los muchos rumores que corrían acerca de lesbianismo y otras bajas pasiones que rodeaban el misterio de su muerte. Pero luego de leer este libro sentí despejar todas las dudas que podían empañar la imágen de esta hermosa mujer que nunca será olvidada".

- Carmen Sanchez,
Mexico City Music Beat

"Luego de ver las historias en la TV, sentí la curiosidad de saber más sobre Selena y el mundo en que vivió. Aunque soy "gringo", quedé tocado por la música, cultura, y la vibrante energía que surgía del mundo de Selena. Pienso que toda persona que gusta de la música y el arte, debería leer este libro. Es una canción de triunfo, de una vida dedicada al amor y que trescenderá al angel de la muerte. Si alguien desea saber como una chica resuelta y hermosa se lanzó a la lucha contra la adversidad impuesta por decadentes prejuicios, debe leer "SELENA, LA ULTIMA CANCION". Tal ves le inspire a darle una voltereta a su vida y a hacer de su vida algo mejor"

- Jeffrey Goodman,
Inner Light Institute,
Sedona, Arizona

"Me siento muy orgulloso de ser parte de la herencia indígena representada por esta hermosa mujer. La pureza y el calor que transmite su imágen aun en sus fotos dicen mucho acerca de nuestro milenario legado cultural y trascienden a la enorme variedad de etnias que existen en nuestra Indoamérica. ¡Espero que la lucha que tuvo en vida Selena, inspire la vida de muchos para que podamos alcanzar el éxito en el camino del trabajo que ella nos marcó!"

Carlos Quispe Bernabé,
Peruvian Music Monthly

SELENA

La última canción

**Vida, Pasión y Muerte de la
Reina de la Música Tejana**

GERALDO
RUIZ

el diario
BOOKS

El Diario Books, es una división de
Latin Communications Group Inc. Company
143 Varick Street, New York, NY 10013

Copyright © 1995 by **El Diario Books Inc.**

Todos los derechos reservados, incluído el derecho a reproducir este libro o parte de él en cualquier forma.
Para mayor información, dirigirse a:
El Diario Books Inc.
143 Varick Street, New York, NY 10013

ISBN: 1-887599-01-0

Primera edición de El Diario Books, Mayo 1995

10 9 8 7 6 5 4 3 2 1

El Diario Books es una marca registrada de
El Diario Books Inc.

Cover Design: **CABE**

Printed in the U.S.A.

Unas cuantas palabras del autor

Éramos muchos en la flor de nuestra juventud, las mujeres con sus atavíos multicolores, los hombres luciendo orgullosos sus intrincados implementos de cuero y piel, junto a las melodiosas armonías que los niños cantaban. Reíamos, cantábamos y disfrutábamos la maravilla de vivir, las comidas deliciosas y el sonido de alegres canciones. Entonces vino el gran cambio, la invasión a nuestras vidas. Al día siguiente, busqué en vano todo aquello entre el silencio de la muerte".

- As narrated by a survivor of the siege of Tenochtitlan

Toda muerte es una tragedia, pero la muerte de una hermosa joven nos recuerda la fragilidad y lo maravilloso de la vida. Como escritor dedicado a narrar la vida de Selena, he deseado que este libro sea ante todo, un homenaje a su vida, más allá del *"memento mori"* de un corazón que cesaba de latir. Espero que este libro inspire a muchos a recordar la belleza de la vida. Esta no debe dejarse arrastrar por los celos y la envidia. Cada día debiera recordarnos las bondades del vivir y la cantidad de personas que vamos conociendo en el largo camino de nuestra existencia.

Tal vez habrá gente que quiera agraviarnos, pero no debemos tomarlos en cuenta. En general, la mayoría de los compañeros de ruta son buenas personas, gente de corazón, en quienes se puede confiar y tener como buenos y cariñosos amigos.

Siento como si Selena hubiese sido una dilecta y cercana amiga. Fueron muchos los que le tendieron la mano para que ella alcanzase el éxito, incluyendo a sus admiradores y a su público. A ellos dedico también este libro. Ojalá que la memoria de Selena ayude a entender que no se debe desperdiciar un minuto de nuestra preciosa vida.

Ella vivirá por siempre con nosotros a través de sus canciones.

También quiero expresar mi agradecimiento al personal de El Diario Books por su incansable dedicación para hacer este libro realidad. Asimismo, quiero agradecer a mi familia por su cariñoso apoyo mientras trataba de darle sentido a todas las noticias que inundaban mi oficina. También mi especial agradecimiento a Alberto Montez, Peter Davidson, Carlos Ramirez, Edwin Jorge, Lola Concepción, Jeffrey Goodman, Carlos Bernales, Fred Abrahams, Guillermo López, Ana Villa, Gracia Sánchez, Isabel Luna, Nicolasa Villegas, Valerian Englentine, Anthony Perez, Montgomery Palmer Scott-Hill, Valerie Morrison y muchos otros que me dieron su desinteresado apoyo.

Un agradecimiento especial a la familia de Selena, quien nos ha ayudado con sus significativos comentarios, importantes cambios, y correcciones y su apoyo de todo corazón a la realización de este proyecto.

También dedico este libro a toda "la raza", quienes mantienen vivo el sonido de la música Tejana a través de toda América.

Finalmente, dedico este libro a la memoria de Selena, con la esperanza de que su espíritu e imágen se mantengan más allá de su última canción.....

Geraldo Ruiz

Los Angeles, California

SELENA

...PERO LA COMPASION ES LO QUE DA LA POSIBILIDAD DE CONTINUAR

La superación al temor a la muerte es la recuperación del gozo de la vida. Uno puede experimentar una incondicional afirmación por la vida sólo cuando se ha aceptado la muerte, no como lo contrario de la vida, sinó como una parte de ella. La vida desde el comienzo siempre se ha convertido en muerte, y en el punto de la muerte. La conquista del temor produce el coraje de vivir. Esa es la iniciación cardinal de cualquier aventura heróica– el no tener miedo al éxito.

Joseph Campbell, El Poder del Mito.

El destino ha caído en cada hombre como una ley
la inalterable eficacia
de su horóscopo,
salvaguarda por una casualidad
que determina la llegada de lo bueno y lo malo
en consecuencia
a cualquiera de esas dos deidades
servirá el destino,
nacidas de si mismas,
gobiernarán la existencia del hombre.
Son la esperanza y la casualidad
por medio del engaño y
la compulsión que hacen
tolerar la ley.
Debe quedar claro para todos los que ven
en la predeterminación
y están una vez bien y féliz
ora oscurecido y desgraciado.
El destino eleva a algunos
para despues bajarlos a su punto de origen;
a otros los saca de sus sitios
para elevarlos
hacía las más brillantes alturas
Pero si ella gobierna por decepción,
esperando que ellos crean,... lo que ellos desean
y experimenten será lo que menos esperen.

Vettius Valens (Siglo II A.C.)

INTRODUCCION

LA ULTIMA CANCION, es un libro que intenta colocar una vela más, al alma de quien en vida fuera una excepcional mujer y extraordinario ser humano.

Selena es uno de los más dulces recuerdos de nuestra vida. Una mujer con un talento desbordante; una sensualidad fuera de lo común. Una héroe popular, que vivió su vida sin temor, gozándola sin parar. Ella vivió sin los temores del final. Ni siquiera esperó disfrutar los éxitos que consiguió. Sin embargo, su vida valió la pena, porque la vivió cien por ciento. Ella se dió al máximo, por eso siempre vivirá en la memoria del público que la adoraba.

Selena sucumbió por su destino. Pero sólo sufrió el final. En vida, todo se le había realizado, el talento, el dinero, la belleza, el calor de una familia unida y el amor. Pero su destino estaba fatalmente marcado: viviría poco. Tenía menos de 24 años, cuando se le acabó la vida. Vivió intensamente, sí, pero no hay quién pueda parar el destino. Como dice el poema *"Algunos se elevan muy alto, para despues bajar a su punto de origen"*.

Con su arte, supo representar a su pueblo. Aquellos que muchas veces fueron marginados, olvidados y perseguidos. Reivindicó una cultura que sigue siendo azotada por la discriminación y el racismo. Su ejemplo quedará por siempre vivo, en la gente que hacía enormes filas, para disfrutar sus actuaciones como vocalista del legendario grupo Los Dinos.

El trágico destino nos la robó, como si en aquel se encontrara una predicción inexplicable que auguraba un desenlace fatal.

El legado musical a través de las canciones que interpretó esta excepcional cantante, nos deja una sensación de ausencia y de pérdida. Como mensajes de despedida, como una flor que se marchitaba de a pocos y que sólo supo dar mucho amor.

Nos queda su canto, sus fotos, sus recuerdos, pero cuanta falta nos hace su presencia.

El efecto de su muerte sacudió como un temblor en varios rincones del mundo, culminando en hechos muy pocas veces vistos. Selena era una persona dotada de muchos atributos que realmente la hicieron muy especial. Una mujer nacida para romper con lo establecido, como latina rompió con muchos estereotipos. Siempre estuvo orgullosa de sus raíces y alerta a las causas de apoyo a los más necesitados. Una mujer del pueblo para el pueblo.

Consiguió los más altos logros artísticos dentro de su carrera musical, destacó siempre como una de las mejores. Su tesón y dedicación no siempre estuvo acompañada de buena suerte.

De su éxito también nació, desafortunadamente la envidia y la maldad de mucha gente. Pero sobre todo, de un ser que decía que era a ella lo que más admiraba. Este ser cobarde, ahora tan despreciable, pagará una eterna condena.

Yolanda Saldivar, como Judas, llevará en su alma una culpa que no será tan facilmente ignorada. El peso del remordimiento de saber que arrancó una bella flor cuando apenas estaba floreciendo, tendrá que ser insoportable para ella. Es que no habrá perdón, para quien sí supo lo que hacía: quitar la vida a un ser humano que estaba dando lo mejor de su vida para levantar el alma de su gente.

Yolanda Saldivar, la mujer en la cual Selena depositó todo su amor y su confianza, no vivirá en paz.

Después de lo ocurrido, el trágico incidente que le costara la vida a Selena, el pueblo que la convirtió en su ídolo empezó a acercarse al motel Days Inn donde tuvo lugar el asesinato. Fue el inicio de un duelo popular, que se ha extendido desde el estado sureño de Texas hacia todos los confines del país.

Donde late un corazón hispano se ha implantado ahora una pena que perdura, con la misma tristeza del primer momento.

Ya fuera en el motel, la casa de sus padres o el Centro de Convenciones de Corpus Christi, donde fuera tendido su cuerpo para rendir el último tributo a Selena, no queda lugar en el que la gente no haya ido en peregrinación, en busca del alma de su ídolo.

Las teorías de su asesinato y los rumores en torno a éste aumentan el delirio: ¿Qué llevó a Yolanda Saldivar a matar a esta bella y buena mujer? ¿Cómo los medios de comunicación han informado el hecho y las gentes han interpretado las cosas? ¿Cómo es el pueblo tejano? ¿Como vive? ¿Como siente?

Todo este remolino de sentimientos, agitados por la desgracia, no tienen, sin embargo, paralelo en la pena de su incomparable familia, que fue el tesoro más grande y valioso, que en vida tuvo la cantante y el amor de su vida, su esposo Chris.

Esta obra trata de presentar los hechos con absoluta e imparcial objetividad, concientes, sin duda, de que en el fondo de nuestro ser, ¡la vamos a extrañar!

Como nos duele tu partida...

CAPITULO 1

13 AÑOS DE EXITOS

AL LADO DEL LETRERO DEL MOTEL DAYS Inn donde fuera asesinada, manos fervorosas habían colocado un cartel que decia **"Selena te vamos a extrañar"** y los fanáticos aun incrédulos de los hechos que habían acaecido, pasaban con lágrimas en los ojos, cerca de la habitación 158, en cuya madera dejaban mensajes escritos en tinta, lápiz y hasta lápiz labial. Esto es, no se escatimó ningún recurso para enviarle a Selena el último mensaje del público que la hizo famosa.

Curiosamente, alguien en Texas compara la leyenda que está tejiéndose alrededor de Selena, con la que existe en torno del ídolo mexicano Pedro Infante. Aunque éste falleció ya hace más de 40 años todavía se dice de él que *"cada vez canta mejor"*. Pedro Infante, era un humilde carpintero y a pesar de la fama y fortuna –llegó a tener hasta su propio avión–, nunca se divorció de sus raíces populares. El ha encarnado siempre en el alma de los mexicanos el anhelo porque el es uno de los que alcanzó el cielo.

De la misma manera, Selena siempre estuvo conciente de que en su éxito se expresaban los anhelos de tantos desposeídos, "ilegales", "espalda-mojadas", los marginados de la tierra, y de todos aquellos para quienes el sueño americano es aun una pesadilla en un mar de marginamiento y discriminación. Ella misma tuvo que vencer muchas viscisitudes por su condición de indígena, "chicana" y mujer. Tenía todas las de perder. Pero ella triunfó, hasta que...

Nadie se hubiera imaginado que la presunta asesina sería Yolanda Saldívar, presidenta del Club de admiradores de la bella cantante. De acuerdo a los encargados de la ley, en el estado de Texas, se logró establecer que la homicida compró el arma mortal el 18 de marzo.

SUEÑO IDEAL

Parecía un mundo perfecto aunque dedicado al trabajo, el que giraba en torno a Selena.

Selena recordaba que mientras otras niñas de su edad se ocupaban de sus estudios, de los chicos, y de las fiestas, ella se la pasaba viajando de un lado a otro, presentándonse en diferentes escenarios.

Según sus padres, resultó ser una extraordinaria estudiante, hasta que tuvo que dejar las aulas escolares, en el octavo grado y conseguir su diploma de graduación por medio de clases por correspondencia.

Esta declaración que hubo de repetir en infinidad de entrevistas, muestra la entrega y dedicación de Selena a una carrera que le exigió los mayores sacrificios y las más grandes privaciones.

Sobre todo, le negó el disfrute a plenitud de

su adolescencia, esa etapa de trascendental importancia en la formación de todos los seres humanos.

Dotada de un talento especial que muy pocos tienen y que menos aun logran canalizar, Selena usó al máximo su capacidad para lograr las metas que se proponía. También cabe destacar que siempre vivió rodeada y apoyada por su familia hasta que en su camino se cruza Yolanda Saldívar.

Esa mujer que en los últimos 4 años, hasta la muerte de la estrella, fuera escalando posiciones desde una simple presidenta del club de fanáticos hasta administradora de sus multiples negocios, resultó un lobo encaramado.

Saldívar se presentaba como una de sus más fervorosas admiradoras, muy solícita y voluntariosa. Y dadas las características de la cantante, para nadie resultaba extraño el "amor" con que esta misteriosa mujer, realizaba las asignaciones que entonces la ocupaban. Todo marchaba "normal" en la organización que involucraba a Selena y Los Dinos.

CAPITULO 2

EL EFECTO DE LA MUERTE DE SELENA EN EL MUNDO

Las reacciones, al saberse el desgraciado desenlace que culminó en la muerte de Selena, han sido variadas y ambivalentes. De la incredulidad se pasó a las lágrimas y de éstas a la furia y la rabia por la insuperable pérdida.

Este acto se explica debido a que en torno a la cantante coexistian tres esferas, tres mundos, tres culturas populares, tres experiencias simultáneas. De un lado estaba el de sus ancestros Cherokees y mexicanos. De otro lado, estaba el de la cultura tejana, que aunque recoge elementos ancestrales, es una síntesis que tiene su propia identidad. Finalmente está la influencia anglosajona que llega atodos los niveles de la sociedad americana.

Toda esta amalgama cultural, tambíen se nutría de la influencia de sus admiradores, la gente que vio sus conciertos y siempre compró sus discos.

Este es el caso de los que llenaron, por ejemplo, el **Astrodome de Houston** para disfrutar de su talento en repetidas ocasiones. Es el enorme conglomerado que se agrupa concretamente en Texas: Dallas, Austin, Sacramento, San Antonio, Corpus Christi, El Paso y varias otras ciudades de la estrella solitaria.

Pertenecientes a esta misma zona, también había admiradores muy activos en territorios "extranjeros" pero muy próximos como Ciudad Juárez, Chihuahua, Monterrey, Nuevo León e incluso tan distantes como el Distrito Federal, la capital de México.

Los admiradores de Selena quedaron trastornados por la violencia con que ocurrieron los hechos. Estos se sucedieron tan rápidamente que se tornaron difíciles de explicar, entender y verlos con un clara perspectiva.

Un recorrido por los Estados Unidos, hecho por las cadenas de televisión mostró impresionantemente el sentir de miles de sus admiradores embargados por la pena y el dolor que les causaba la pérdida de Selena.

Por cualquier lugar se podían apreciar altares en los que se colocaban retratos de la estrella rodeados de muchas rosas blancas.

La prensa estadounidense, ante el despliegue de millones de hispanos que a lo largo de toda la nación hacían sentir su pena y el luto que los anudaba, se preguntó: ¿Quién es Selena?

Algunos, irreverentemente, pretendieron compararla con Madonna, como si se tratara de establecer una relación entre tacos y hamburguesas.

Otros, mejor informados, acertaron al apuntar a la música tejana de la que Selena había sido ya proclamada con toda justicia, su reina. Ciento de miles de discos vendidos en sólo un par de días, agotó las existencias de las más importantes cadenas de discos a lo largo y ancho de este país.

La casa disquera no podía más. Los teléfonos sonaban insistentemente. De todas partes exigían al sello discográfico **EMI-Capitol** el envío inmediato de millares de copias en cassetes, discos compactos o lo que fuera de las canciones de Selena.

Finalmente, el día del entierro, un escueto y lacónico comunicado de prensa de la casa disquera dio a conocer que se suspendía la distribución del material fonográfico, de la cantante tejana asesinada, dejando a muchos de sus seguidores recorriendo sin éxito las tiendas en busca de sus discos.

"De EMI México no saldrá disco alguno. No quiero que se piense que nos aprovechamos del momento, de la circunstancia", dijo Mario Ruiz, un alto funcionario del sello, al Heraldo de México. Esto ocurrió poco después de darse a conocer la noticia de la muerte de la vocalista de "Los Dinos".

La estrella que ya ha había sido sepultada el día anterior, en Corpus Christi, Texas, vendió para el sello cuatro millones de discos durante los cinco años de su relación artística y al momento de su muerte preparaba un albúm en inglés.

Durante un recorrido por las principales tiendas de discos de la ciudad de México algunos empleados señalaron que tras el anuncio del fallecimiento de la artista tejana, los aficionados agotaron de inmediato los pocos discos disponibles.

"La feria del Disco" y *"Mercado de Discos"*, dos de las tiendas de la capital mexicana, que hacía unas pocas semanas distribuían uno de los últimos álbumes de la cantante, como la recopilación de "12 super éxitos" lamentaron la suspensión.

Sin embargo, voceros del sello no aclararon si la medida sería temporal, tampoco confirmaron si la distribución del material fonográfico de la artista de raíces mexicanas, estaba definitivamente suspendida.

En declaraciones a la prensa local, Sara Sánchez, de **EMI Music México**, confirmó la medida.

"En ningún lugar del mundo se había hecho esto, ni siquiera cuando murió John Lennon, que pertenecía también a la misma

disquera", señaló al periódico Reforma, Aracely Zoreda, gerente de compras de "Mercado de Discos".

En tanto, en la capital mexicana, las principales radiodifusoras dedicadas al género tejano, seguían recordando en sus emisiones a la joven vocalista, mientras los diarios locales dedicaban grandes espacios a detallar sus funerales.

El viernes 31 de marzo, millones de latinos sintieron un hondo malestar en el alma. Selena Quintanilla Perez, la artista femenina que hizó brillar aún más a los hispanos, había sido cruelmente asesinada. Rezaban así, los cabezales de las principales diarios de toda América Latina, donde la fama de Selena recién empezaba, pero con una solidez propia de los predestinados al éxito.

Las publicaciones que cubrían la noticia, volaban como pan caliente de los estanquillos. Las estaciones de radio imterrumpían sus habituales programaciones para informar al público de este desafortunado suceso.

El drama se agitó cuando las cadenas de televisión hispanas, se atrevieron a transmitir desde el lugar de los incidentes por más de nueve horas. Era una cosa inconcebible. Nadie lo podía creer.

Era viernes, un día en que la mayoría de la gente llega a casa para disfrutar el fin de semana, luego de una larga y agotadora jornada de trabajo.

Al llegar a sus hogares, el rumor de la muerte de Selena, esparcido como una mancha de aceite, resultaba inverosímil. Todos creían que se trataba de una broma de muy mal gusto. En Estados Unidos ese viernes era la víspera del día de los tontos *"Fools day"*.

Desde el fatídico asesinato del entonces presidente, John F. Kennedy, no se había sentido un golpe tan duro en el estado de Texas. Coincidentemente, ambos eventos sucedieron en esta región de los Estados Unidos.

Las muestras de desconsolación no se hicieron esperar. Mucha gente acudía al lugar de los hechos buscando afanosamente una clara explicación. Tal vez, en busca de algún recuerdo que por lo menos disipara sus penas.

Los niños desconsolados lloraban por las calles, sin poder entender porque la cantante había muerto. *"No hay derecho a que nos hagan esto"* decía bañado en lágrimas un niño de apenas 10 años de edad.

Es que la simpatía popular a Selena, se debía a la identificación inmediata que lograban con su gente, sus raices, su cultura, su música, su simpatía y un sinfín de elementos que nos brindó como ninguna otra estrella.

El efecto de su muerte en quienes la admiraron en vida y después de esta, es de un gran vacío y una pérdida irreparable.

Selena ha dejado un gran dolor, en todos los que siguieron de cerca su trayectoria artística y en quienes no llegaron a conocerla, dejó una inexplicable sensación de dolor y pena.

Por que nadie tiene derecho de arrancarle la vida a ningún ser humano, menos aun de la manera en que lo hiciera la repugnante Yolanda Saldivar. Ante este acontecimiento, la frustración y la desolación de miles de fanáticos, no se hizó esperar.

Mucha gente quería vengar la muerte de la estrella. Para la mayoría, ella era un ángel que había bajado a este mundo para mitigar los problemas que aquejan a millones de hispanos, por medio del racismo, la discriminación, propuestas inhumanas como la 187 y otros pesares.

Pero ante todo, Selena nos dió una gran lección en vida. Todo se puede lograr en base a dedicación, disciplina y muchas ganas de conseguir el objetivo deseado.

Fue un auténtico duelo, la muerte de la bella Selena. Cautelosamente una semana y media despues del asesinato, la prestigiosa revista norteamericana **People**, pusó al público dos portadas diferentes, una de ellas con la foto de la cantante –para el mercado comprendido entre Texas y California–, mientras que la otra mostraba en la portada a los actores principales de la teleserie *"All about Friends"* –para el resto del país.

El éxito editorial y sobre todo de ingresos de dicha revista, dedicada a rendir homenaje a Selena, provocó el planear un número que tratará exclusivamente de la cantante con una ambiciosa distribución nacional.

Esto está considerado como un honor que muy poca gente logra en los 24 años de People, casi la misma edad de Selena antes de morir. Ni siquiera la realeza británica con sus nobles escándalos, ha logrado algo similar, en las páginas de la citada revista.

Es que poco a poco, la mercadotecnia angloamericana está descubriendo un dragón dormido en el público hispano que viene a resultar interesante para los hombres de negocios que ven aquí un filón que todavía se encuentra inexplotado.

CAPITULO 3

¿QUE LA HACIA ESPECIAL?

UNA VOZ CON QUE CAUTIVA

Musicalmente hablando, Selena era una mujer muy versátil. Su voz podía alcanzar notas de la altura de cantantes, como *Whitney Houston* o *Aretha Franklin*. Su habilidad le daba un giro total a sus presentaciones. Con sabia agilidad recorría el pentagrama musical, interpretando sin ninguna dificultad vocal, baladas, cumbias, norteñas, *rhythm & blues* y hasta *house music*; con un estilo que la separaba del resto de los artistas.

Con su voz, dió realce a un género musical que se limitaba a una región fronteriza entre Texas y el norte de México.

Además, este tipo de música era el dominio de un fuerte sector masculino en ese lugar y es un gran mérito el de Selena, haber sido una de las primeras o quizá, la única mujer que se destacó gloriosamente, en la ahora ya conocida música del Tex- Mex.

UNA BELLEZA MORENA Y EXOTICA

Selena era una mujer que representaba a la mujer latina en toda la extensión de la palabra. Era poseedora de una belleza morena y estaba provista de una natural sensualidad sin igual, en el mundo del espectáculo.

Con una figura poco común y sobre todo con un talento inmenso, se hacía mucho más atractiva. Pocos son los ejemplos de una mujer que haya logrado transcender los estándares sociales de belleza (alta, flaca, rubia y blanca).

Esto implica haber abierto las puertas a un nuevo tipo de belleza que seguramente habrá de crear una época en el fastuoso mundo de Holliwood.

Pero, era también la confianza que Selena tenía en si misma y que pudo proyectar esa imágen de belleza natural, salida del hondo de una América milenaria y pre-europea que sin lugar a dudas irá imponiéndose, gracias a la profunda huella que Selena dejó en el camino en el cual los seres humanos se deben reconocer y amar.

ORGULLOSA DE SER LATINA

Orgullosa de su gente y de su raza, hasta tuvo que aprender a hablar bien el español, el idioma de sus padres. Nunca tuvo que pintarse el cabello de rubio, ni alterar nada de su persona para pretender ser más que los demás.

Esto que frecuentemente sucede en los medios racistas de comunicación en México y los Estados Unidos, donde sólo se promueve la falta de identidad de los mexicanos a través de ciertos artistas baratos, falsos y con falta de talento, no le tocó en nada a Selena. El perfil del locutor o actor que debe siempre ser lo menos Indio o Negro posible, se derrumbó ante la presencia de esta nueva belleza encarnada en esta mujer orgullosa de su raza.

SELENA UNA NIÑA ESPECIAL

Selena declaró en más de una vez, que cuando niña tuvo que luchar en contra del racismo, con inteligencia y encanto. Prefería ignorar a aquellos que criticaban a los latinos y negros por ser diferentes. Ella ocupaba su tiempo en su superación y a la vez forjando un carácter, que transmitía mucha seguridad de su persona.

Selena a pesar de ser la hija menor, llegó a representar la columna vertebral de la familia. En el grupo, ella era la que tenía que dar la cara y sin ella el grupo prácticamente no existía. Por supuesto, ella jamas tomó ventaja de esta situación. Selena entendía muy claro que todo era un trabajo de equipo y unidad. Estos elementos que poco a poco se están perdiendo en las familias modernas del mundo.

TIEMPOS DIFÍCILES EN LA FAMILIA Y CON UNIDAD LLEGA LA SUPERACIÓN

En el seno de la famia Quintanilla-Pérez, hubo tiempos que tuvieron que luchar muy arduamente para sobrevivir. Eran muy duros los años, y a veces no se sabía de donde vendría el pan de cada día.

La pasión del padre de Selena, Abraham Quintanilla, era la música. Don Abraham, como le dicen sus amigos, quiso continuar un sueño que empezó de joven, cuando creó su primera versión del grupo Los Dinos, allá a finales de los 50's.

El sueño de Don Abraham se materializaría pocos años más tarde involucrando a toda su familia. Precisamente, pivoteando sobre la hija menor.

Mientras soñaba, en 1980, don Abraham dejó su trabajo en la Dow Chemicals para abrir un restaurante tex-mex "Papagallo's". Selena tenía apenas 9 años pero, al igual que todos los miembros de la familia, trabajó con ahinco por la prosperidad del negocio familiar. Poco después, el restaurante debido a la recesión se fue a la quiebra. Esto casi los obliga a quedarse en la calle, pues estuvieron a punto de perder su casa.

Aquí es cuando resurgen con fuerzas para continuar con este proyecto musical, siendo nuestra estrella con su magia la que le daría el sello a esta segunda generación del grupo Los Dinos.

Hubo mucho esfuerzo y sacrificio, en la preparación del mismo. Contribuyeron al éxito todos los elementos de la familia Quintanilla-Pérez que siempre fue un ejemplo muy explícito de unidad familiar.

Precisamente esa fue la base más fuerte que contribuyó a que Selena se formase como la persona que llegó a ser.

SELENA UNA MUJER MUY VERSATIL

Selena era una persona hiperactiva, hasta el grado que tenía que estar ocupada todo el tiempo, para sentirse tranquila.

De esa energía desbordante que tenía y de su afán por contribuir a la superación ya no sólo de su familia, sino de abrir nuevas fuentes de trabajo para su raza, es que le surgió la idea de abrir nuevos negocios. Selena se convirtió en una moderna mujer de empresas.

En esa actividad también se destacó excelentemente. Introduciéndose al diseño de modas, demostró también su habilidad para la actividad artístico-creativa.

Selena fundó 2 tiendas en su natal estado de Texas, en donde ofrecía al público sus propios diseños y tenía planes de expandir este tipo de tiendas, a través de Estados Unidos, en ciudades donde se concentra el mayor número de hispanos. Asímismo, Puerto Rico, México y demás países de centro y sud América abarcaban sus planes de expansión.

"Para mí la música es mi carrera y la moda mi vida". Expresó alguna vez con su clásica alegría desbordante.

Fue en sus tiendas de moda, en donde Selena y su familia, cayeron en cuenta que Yolanda Saldívar, la encargada de las tiendas y presidenta de club de admiradores de la cantante, en otras palabras, su persona de confianza, estaba defraudando por varios cientos de miles de dólares.

Esta era una falta muy grave. Selena comprendió que al apoderarse de los fondos del Club, Saldívar estaba estafando la confianza del público que la amaba.

Paradójicamente, Selena pagó con su vida

el profundo respeto que sentía por el público que la admiraba y tenía puesta su confianza en ella.

SELENA Y SU APOYO A CAUSAS EDUCATIVAS

Otra de las cosas que hicieron tan especial a Selena fue cuando promovió la "Semana de la Educación Americana".

Ella se entregaba a las causas nobles y era una gran activista en pro de los derechos latinos.

Entre otras cosas, participó en campañas para mejorar la educación en Estados Unidos y animar a los estudiantes chicanos (mexico-americanos), a que no abandonaran las aulas escolares.

En particular, Selena participó en el programa de la Semana de la Educación Americana presentando un video educativo, titulado *"Mi Música"*. Esto se llevó a cabo en una conferencia realizada en el **Colegio de Cunningham Middle School**, el 14 de Noviembre de 1994, en Corpus Christi, Texas.

Este video realza lo importante de la música, el baile y la cultura latinoamericana, Selena decía "**Mi Música** *alienta a que los chicos se queden en la escuela*". Este video pronto fue repartido entre las escuelas de California y Texas.

Por medio de la conferencia, más de 200 estudiantes de la escuela tuvieron la oportunidad de apreciar el video.

Luego de la proyección, la alcaldesa de Corpus Christi, **Mary Rhodes** honró a Selena con una placa por sus esfuerzos en apoyo al program., En aquella que leía:

"Estáte de acuerdo con Selena y quédate en la escuela".

UNA TEJANA DE CORAZÓN

Selena se identificaba a sí misma como una cantante texana. En varias ocasiones se quejó de que la radio ignoraba la música tex-mex. *"Me halaga mucho que la gente me vea como pura texana porque lo soy"*, declaró en una de sus últimas entrevistas.

Nuestra estrella de Texas supo representar muy bien a la tierra que la vió nacer. *"Los chicanos somos minoría y eso hace que suframos una serie de prejuicios de parte de los blancos por que piensan que somos inferio-res"*, se expresó en una oportunidad.

Con su música hizó brillar aun más al estado de Texas poniendo en primer plano a la gente, la raza, que por muchos años pasó desapercibida.

"Es difícil que haya una texana tan sobresaliente como Selena", nos comentó María Rivas, una vecina de la familia.

AMIGA DE SU PUBLICO Y DE LA GENTE

A pesar de haber logrado varios premios de gran importancia, Selena siempre tenía un tiempo y una sonrisa para su público, que fervientemente le apoyaba.

Decía *"los artistas se deben al público, porque son ellos los que nos han hecho"*. No tenía miedo a la gente, cuando podía, iba al centro comercial, sin la necesidad de guardaespaldas.

Incluso podía salir a la calle sin una gota de maquillaje, totalmente al natural. Ella estaba segura de que el público amaba sobre todo su naturalidad, su belleza silvestre.

Era tanto el amor que recibía por doquiera que iba que nunca le pareció oportuno ocuparse de su seguridad personal. Ella, por ejemplo salía sóla a visitar a sus parientes sin ningún temor de agresión por parte de los demás.

En una entrevista por televisión, Don Abraham señaló que él ya andaba previniendo a Selena. *"También hay gente mala hijita, y es bueno que empieces a tomar tus precausiones"* le aconsejó a su adorada hija.

A TODOS GUSTO Y CAUTIVO

Quienes tuvieron la oportunidad de ver a Selena en concierto se dieron cuenta que la sóla presencia de Selena transmitía una desbordante energía positiva y mucho amor. Pero esto no era sólo atributo de la cantante sinó también de la totalidad de su grupo.

Decía un ferviente admirador. *"Bien vale la pena pagar el monto de una taquilla para ver a mi adorada Selena, porque con su música bailo, canto y hasta lloro. Además, me hace recordar a una novia que se fue, y que ojalá por las canciones de Selena algún día regrese".*

SELENA UNA MUJER SUPER SEXI

Selena provocaba hasta los más inusitados y atrevidos comentarios. Los caballeros la consideraban todo un símbolo sensual. Aunque la estrella era consciente de ello, a ella lo que más le gustaba es que la reconocieran por su talento y no por su cuerpo.

Le gustaba presentarse ante su público impecablemente y siempre dió lo mejor de sí en cada actuación. *"Me gusta estar siempre linda para mi público"*, solía expresar.

Era tanta su magia, que muchas veces logró reunir hasta más de 60,000 personas en un sólo espacio. Ella entregaba totalmente su arte a este público, con el propósito conciente de hacer un poco más placentera la vida de trabajo y tribulaciones.

Este tipo de masivas concentraciones de gente, que hasta hace un par de años, sólo era logrado por las grandes figuras de la canción norteamericana, pronto pasó a convertirse en una cuestión de rutina, en los espectáculos y conciertos en los que se presentó Selena, la reina del tejano.

LA REINA DE LOS NIÑOS

Fue tanto su magnetismo que hasta los niños tenían un amor especial por ella. Selena recordaba con cierta ternura esta anécdota, *"un día un chiquillo me dijo que él estaba juntando su dinerito para que, cuando dejara a Chris, mi esposo, me casara con él. Los niños son adorables los quiero mucho"*.

Soñaba con tener muchos hijos en su matrimonio y es muy seguro que ella les hubiera dado lo mejor de sí como persona y como madre. Por que además, ella era sin lugar a dudas un buen ser humano.

Pese a su éxito, Selena se consideraba una mujer chapada a la antigua. *"Una esposa debe ser sumisa a su esposo y respetarlo"*, decía, cuando se le preguntaba por su relación con Chris.

Selena era una esposa tradicional, con una base moral muy fuerte, sin embargo no dejaba por eso de ser moderna, de mirar al futuro. La diferencia estaba en que en su visión de futuro ella depositaba otra clase de valores.

Así se consideraba la sensual cantante, esposa, mujer de negocios, diseñadora, amiga de la gente, activista, actriz...

¿Qué más podría haberla hecho tan especial a esta sin igual e incomparable mujer llena de talento y de un orgullo por la vida?.

Las estrellas pertenecen al cielo, más allá en el infinito su eterna luz siempre brillará. Por que Selena fue y será un ser muy especial!

CAPITULO 4

ROMPIENDO ESTEREOTIPOS

LA GRAN ARTISTA

Como mujer Selena, rompe con lo tradicional y establecido.

Por ejemplo, en el mundo de la música del Tex-Mex no era muy común la presencia de vocalistas femeninas. Siendo muy joven recordaba *"Los dueños de los sitios donde po-díamos presentarnos, no nos dejaban actuar tan fácilmente. Nos ponían excusas dicien-do que yo era muy chica"*.

A pesar de sus escasos 15 años, Selena em-pieza a cosechar inumerables reconocimien-tos y con ello establece nuevos récords.

Durante su carrera acumuló 22 **"Tejano Music Awards"**. Firmó un importante con-trato con EMI Latin y grabó 5 exitosos álbu-mes que alcanzaron ventas desorbitantes. Lo-gró también, múltiples discos de Platino y Oro en Los Estados Unidos, México y otros países. Fue dos veces nominada al premio Grammy, siendo en el '94 cuando ganó uno de ellos.

Entre sus reconocimientos:

1987 *Vocalista del Año*

TEJANO MUSIC AWARDS

1988 *22 TEJANO MUSIC AWARDS*

1990 *GRABAN "SELENA...VEN CONMIGO"*

1992 *GRABAN "ENTRE A MI MUNDO"*

1993 *GRABAN "SELENA LIVE"*

1993 *GANA EN LOS PREMIO LO NUES-*

TRO, BILLBOARD

- *MUSICA REGIONAL MEXICANA*

- *CANTANTE FEMENINO DEL AÑO*

- *CANCION DEL AÑO*

- *ALBUM DEL AÑO "SELENA LIVE"*

1993 *PREMIO GRAMMY*

MEJOR ALBUM MEXICOAMERICANO

1994 *AMOR PROHIBIDO*

- *DISCO DE ORO*

- *DISCO DE PLATINO*

1994 *NOMINACION PARA EL GRAMMY COMO MEJOR ALBUM DE MUSICA REGIONAL MEXICANA*

UNA VERDADERA REINA DE LA MUSICA POPULAR

Selena le dio a la música de los grupos, o como se conoce ahora, **onda grupera**, una nueva vitalidad.

Ese género abarca desde lo tropical, lo ranchero, lo norteño, el conjunto, el Tex-Mex, entre otras corrientes musicales. Pero, también ha cogido nuevos bríos con la incorporación de nuevos ritmos e instrumentos. Selena y Los Dinos lograron darle una importancia y valor que por mucho tiempo los medios de comunicación, sobre todo en México, ignoraron, despreciaron y hasta consideraron como música de segunda clase.

Con su canto simple y sencillo en el sentir de su gente, consiguió conquistar muchos corazones.

NADIE PUDO CON ELLA

Uno de los monopolios de la televisión y cuna del racismo más insoportable que existe en México, se dio pronta cuenta de su éxito. Los fatuos directivos de esta cadena comprendieron que este género, cuenta una enorme adhesión de masas, y podría servir para seguir llenándoles los bolsillos. De forma que instituyen el llamado género grupero y crean una publicación llamada "Furia Musical".

Selena siempre tuvo el sueño de ir a la tierra de donde provenían sus ancestros y triunfar. Raúl Velasco dudó muchas veces en incluir en su programa a la insuperable cantante. Ya que según él, *ella no cumple con ciertos requisitos*. Se mantenía así la costumbre de distraer a la gente con artistas plásticos, con los cabellos pintados de rubio y con cirugías plásticas. *"Si eran güeritos, la gente los aplaudiría mejor"*, era la mentalidad predominante.

Con una avalancha de reconocimientos, se dan cuenta que Selena gustaba a todos los públicos por igual. Su identificación popular y esa mágica unión que lograba con su público era sincera y tan sólida que nadie la podría destruir tan fácilmente.

MINA DE ORO

Al percatarse de su error inicial, que se les iba "una mina de oro" de las manos deciden ofrecerle actuar en una de sus telenovelas, **"Dos Mujeres, Un Camino"**, en donde puso a temblar a la chica silicóna Biby Gaytán y la "oxigenada" Laura León demostrando una capacidad histriónica natural y nada fingida.

Eso ayudó a aumentar la tele-audiencia que ya había venido a menos en esta teleserie. Con Selena en el elenco, la obra aumentó de popularidad, llegando a subir nuevamente al lugar de las más espectadas.

HOLLYWOOD

Su capacidad como actríz le ayudó a conquistar otros mercados. En Hollywood tenía un futuro brillante. Para la película **"Don Juan de Marco"**, con Johnny Depp y Marlon Brando, realiza una corta pero significativa participación. En esta cinta, aunque aparece por pocos minutos, logró afianzarse con gran fuerza, interpretando a una cantante de música de Mariachi. Sin embargo, a partir de este filme le ofrecerían papeles más importantes.

El propio Marlon Brando refiriéndose a Selena, dijo: *"Es una chica muy especial y muy guapa. Esta mujer tiene una gran estrella."*

MILLONARIA JOVEN

Selena destacaba en cada una de las áreas que abarcó en su vida. Le gustaba romper lo establecido, acabar con los estéreotipos y canalizar positivamente su energía siempre en su superación personal. Sabía que estaba marcando un hito, que abría un camino para su comunidad, su raza.

Lo mismo llenaba lugares en el sur de los

Estados Unidos como en otras regiones del país. Hasta en Nueva York, lugar muy reservado para la música **salsa**, obtuvó gran aceptación. Fue en esa ciudad de los rascacielos, donde la vida es más agitada y turbulenta, en donde Selena recibió el premio más importante de su carrera, el **Grammy.**

A los diecinueve años era una joven millonaria y feliz. El valor de su fortuna ya ascendía a los 5 millones de dólares.

LA ENVIDIA DE LOS OTROS

El éxito de Selena, como era de esperarse, creó mucha envidia entre el ambiente artístico. Sobre todo se hizo presente cuando la cantante Yuri decía que *"era mucho mejor que Selena".* Paulina Rubio, por su lado comentaba que Selena era una "naca" forma despectiva que se usa para nombrar a una persona con rasgos indígenas.

Como estos comentarios, hubieron muchos de parte de gentes a las que les quemaba el creciente éxito de la estrella.

Pero nada de esto la detuvo, ni el racismo que encontró en todos lados, ni la envidia, le impidieron seguir cosechando un triunfo tras otro. Selena era una mujer decidida y dispuesta a todo y realmente luchó contra todas las barreras que se le opusieron, y triunfó.

CROSSOVER

Selena tuvo tantos logros en la música latina y su popularidad era sin precedentes. Cada uno de los récords que agregaba a su fructífera carrera, la hacían más y más famosa. Ella se perfilaba como una artista que podría lograr el tan deseado *"cross-over"*.

Poder pasar del mercado Latino y tratar de introducir su arte al mercado anglo de los Estados Unidos, era ya su meta inmediata. En pos de ese objetivo, recientemente había firmado con la compañía **SBK**, hermana de la disquera **EMI Records**.

En el momento de su muerte, la artista ya había grabado cuatro temas para su próximo álbum en inglés.

La idea era terminar el disco a principios de Mayo y lanzarlo al mercado en el verano. Le emocionaba mucho hablar del proyecto. Para ello tomaba en cuenta como habían hecho otros artistas que habían logrado ingresar al mercado anglo. Entre otras, estudió el caso de Gloria Estefan.

"Respeto y admiro demasiado a Gloria Estefan, por que ella fue la primera en abrir totalmente las puertas para los latinos. Antes del suceso de Gloria Estefan era muy difícil para los hispanos entrar en el mercado inglés. Gloria es una artista conocida mundialmente. "Yo la admiro mucho". Decía sin ambajes Selena, reconociendo los méritos de aquella.

Esa era también otra de las cualidades de Selena. Sabía darle su sitio a los demás. Para ella no existía la envidia, mucho menos el rencor, propio de los seres mediocres.

El estilo musical de las canciones que grabara en inglés, era más contemporáneo, más americano, demostrando que Selena era *"cualquier estilo, tan original como Frank Sinatra o Ella Fitzgerald".*

CAPITULO 5

COLABORACIONES

Era un artista única. Llegó a participar en duetos con varios artistas ya realizados en sus propios géneros, tales como: **Emilio Navaira** con quien cantó **"Tu Robaste Mi Corazón"** y el cantautor Salvadoreño **Alvaro Torres** con quien cantó **"Buenos Amigos."**

Su participación con el grupo puertorrique-ño, **The Barrio Boyzz** de Nueva York, fue un suceso muy especial. Con ellos cantó el tema **"Donde quiera que estés"**. Este tema tuvo un enorme éxito.

Esta combinación logró unir los dos extremos de los Estados Unidos, el norte y el sur. Siendo que la mayoría de los latinos en Nueva York son de Puerto Rico (o Nuyorican) y los de Texas son mexicanos (o Tejanos), hubo la oportunidad de que ambos lados se llegaran a conocer, y unir, por lo menos musicalmente.

Desde la participación de Selena con Los Barrio Boyzz, ella llego a ser más conocida en el norte, lo mismo pasó con los Barrio Boyzz al sur del país. Fueron muy listos los de EMI Latin. Lograron matar dos pajaros con un tiro.

Cuando uno de los Barrio Boyzz, Freddy, salió del grupo, Selena no perdió tiempo en llamarlo y pedir que cantara con su grupo, como corista. Ella decía: *"Cada uno de ellos tiene un talento extraordinario"*.

Cuando ella falleció, el grupo Los Barrio Boyzz, se quedaron desesperados. Ellos la conocieron bién y sabían más que nadie, la verdadera pérdida que dejaba su ausencia.

UN CARACTER ESPECIAL

Selena no era una niña típica. Desde chica se veía que iba ser especial, segura de si misma. Comenzó haciendo sus propias decisiones desde joven. Cuando el resto de sus amigas jugaban con muñecas, ella salía con los niños a jugar fútbol.

Aprendía a ser agresiva y dominante. Estos términos los escogía ella misma para describirse. Decía, *"tengo que ser una mujer fuerte, agresiva y dominante, sinó se aprovecharán de mí. Tuve que aprender a luchar para conseguir lo que quiero, lo que merezco y lo que merece el grupo"*.

Cuando comenzó su carrera, era una batalla contínua para convencer a los promotores de espectáculos tejanos afectados por el machismo, que una mujer podía ser talentosa y atraer público.

Selena tuvo mucho que ver con el relanzamiento de la versión moderna de la llamada música **tejana.**

En una época en que la mayoría de los latinos de segunda y tercera generación estaba perdiendo su capacidad de hablar el español, ella y sus contemporáneos promovieron el idioma, haciendo que la gente tuviera orgullo en hablarlo de nuevo.

La manera de vestir de ella era algo controversial. Usaba ropa tejana con mucho brillo, combinando lentejuelas o piedras semi preciosas. Usaba telas transparentes, y siempre dejaba que su precioso ombligo asomara libremente. Era sumamente **sexi** pero siempre elegante, muy elegante.

Pero esta manera de presentarse, la guardaba exclusivamente para el escenario. Siendo una mujer de negocios, sabía que el escenario es teatro y al público había que ofrecerles algo que le guste. Y ella tenía la suerte de tener mucho que ofrecer de su belleza sensual y gracia natural.

Selena sabía que todo lo que tenía se lo debía a su público. Por eso nunca negó a nadie su atención. Si querían un autógrafo o nada más un *"hola"*, se los daba sin pensar, sin arrogancia, con todo su amor y respeto.

CAPITULO 6

TEXANO-TEJANO

EL MISMO ESTADO
DIFERENTE FORMA DE SER

Texas es uno de los estados más grandes de los Estados Unidos.

La conformación geográfica del estado es muy diversa. A pesar de ello, está densamente poblado. Pero sobre todo, está lleno de desiertos y montañas. Fueron en estas montañas, al sur de Texas, cerca de una hora de la frontera con México, en donde el gran indio guerrero apache, **Gerónimo**, solía esconderse de sus enemigos por largas temporadas sin ser descubierto.

Los texanos tienen diferentes características, dependiendo de la región que habiten. Un texano del norte no es igual que uno del centro, y los dos se diferencian de los texanos de cerca de la frontera.

Aún así los **"Tejanos"** –aquellos de origen mexicano–, comparten muchos atributos con los texanos, aunque su personalidad es muy distintiva. No siempre se consideran mexicanos o americanos, ellos se consideran simplemente tejanos.

Eso no significa que ellos no estén orgullosos de sus raíces mexicanas o de ser americanos, sino todo lo contrario. Lo que significa es que se han compenetrado muy bien con una integridad cultural que se identifica como ... TEJANO.

Estos tejanos han aportado mucho a la cultura que luego ha sido explotada por la cinematografía de Hollywood. El **"rancho"** por ejemplo es una forma de vida típica que tiene sus orígenes en los mexicanos que poblaron Texas antes de **"El Alamo"**.

El estilo de dominar los caballos, la forma de usar la reata, el dominio de los toros y las vaquillas, forma parte de una tradición ancestral que es ignorada para muchos que desconocen esta parte de la historia.

El "cowboy" en realidad no se debe a la cultura anglo. En Texas donde la historia de la ganadería llega hasta el siglo 18, el que cuidaba el ganado era el vaquero. Sus habilidades fueron traídas de Cataluña, España. Pronto, los mejores vaqueros fueron los indios.

Es más, cuando se hizo la conquista del oeste, los anglos adoptaron mucho la técnica y el lenguaje del vaquero. Las palabras "rancho", "rodeo", "lazo", "chaparejos" y muchas otras más llegarían a Hollywood en las películas de vaqueros, donde los verdaderos vaqueros brillaban por su ausencia.

Los tejanos son gente que ha sido capaz de combinar y sobre todo, mantener a pesar del tiempo y las influencias, aspectos de las culturas que representan. Ellos han mantenido los aspectos de la cultura mexicana, que aun predomina en el México de nuestros días.

La familia es una de las cosas más importantes. Cada miembro tiene su propio papel dentro de esta, donde la madre y el padre son los guías de ésta, "los jefes".

La mayoría de los tejanos son católicos, como en México, y algunos han mantenido ciertas prácticas de sus ancestros indios.

Las fechas importantes que se celebran en México también son celebradas por los tejanos, como el día de los muertos, el 15 de septiembre, el 5 de Mayo,...

La comida y la música son parte central de su cultura. Ambas están fuertemente influenciadas por raices mexicanas y americanas, con un fuerte énfasis en lo mexicano.

Los tejanos también son muy orgullosos de ser americanos. Ellos tienen una fuerte moral regida por los estándares sociales de la sociedad americana contemporánea.

Por ejemplo, lo que es popular en la cultura americana es también popular entre los tejanos tales como: películas, video juegos, música, celebridades, ...

LOS TEJANOS

Los tejanos son los verdaderos nativos del estado de Texas. Los tatarabuelos de los padres nacieron y vivieron en Texas cuando éste era parte de México. Sus raíces en Texas son milenarias. Algunos todavía pueden narrar algún tipo de historias pasadas de sus parientes en el tiempo en que Texas pasó a formar parte de los Estados Unidos, debió ser demasiado extraño que un día fueran mexicanos y al otro día americanos.

Los Tejanos tienen una fuerte raíz, teniendo entre sus ancestros a los Apaches y a los Chimichecas. Estas, sin embargo, no fueron las únicas culturas indígenas de México, cerca del 1500, que escaparon al dominio de los poderosos aztecas.

En sus esfuerzos por sobrevivir, los tejanos han encontrado que ellos son buenos en también sacando ventaja del hecho de vivir en la frontera. No siempre encuadrados en la legalidad moderna sinó manteniendo el comercio tradicional que se mantiene de épocas muy remotas.

El comercio decualquier cosa, desde sarapes hasta partes de automóviles, en ambos lados de la frontera es muy común y algunos logran vivir de esto muy cómodamente.

Los tejanos son tradicionalmente machistas –como los mexicanos y los texanos. El hombre es quien por lo general dirige el hogar y nunca se le puede cuestionar. Las mujeres son mayormente sumisas y creen que tienen que estar siempre con sus esposos. Para ellos es muy importante que las mujeres se mantengan puras –vírgenes– y que ellas proyecten un dechado de virtudes a los demás. Por supuesto que existen excepciones.

LAS ARMAS

Los tejanos son vaqueros con la tradición que tienen de defender siempre lo que les pertenece y si hay que pelear para ello, sin duda lo van a hacer.

Las particulares condiciones demográficas del estado de Texas, generan un fuerte sentido de sobrevivencia y protección de los tejanos. Es muy común que la mayoría de la gente porte armas.

Portar un arma es una respuesta a la sociedad contemporánea y una tradición de muchos años, que a su vez ha servido para diferentes propósitos. La mayoría de la gente en Texas, ha tenido alguna vez una arma de fuego y por eso sabe como manejarlas.

Tener un rifle es tan típico como terner un televisor.

Muchos Tejanos se decican a la caza, que ven como un pasatiempo aunque también cazan para el consumo propio.

El sentido de tomar la justicia en sus propias manos, también es históricamente conocido en Texas.

Vivir en estos tiempos tan violentos implica un sentido de protección hacia uno y su familia, eso es toda una responsabilidad. Muchos creen que el crimen y la violencia, ha alcanzado niveles alarmantes fuera del control de la policía. Comprar un arma de fuego es relativamente sencillo en Texas, aún cuando las leyes se están volviendo más estrictas.

No es muy común que una mujer porte un arma, pero se está empezando a hacerse frecuente. Por eso, la Saldívar no debe haber llamado la atención cuando salió a comprar un arma como si fuera a adquirir zapatos nuevos.

LA MUSICA

Los tejanos escuchan toda clase de música, pero les encanta la música mexicana. Ellos escuchan mariachi, ranchera, norteña, cumbia, boleros, balada, tropical,... La música tejana es una combinación de todos estos estilos combinados con la música popular americana tales como el country, el pop, la música bailable y discoteca.

Hasta hace poco, la música tejana era sólo escuchada por los viejitos. Hoy en día ha tomado una popularidad enorme entre la generación joven. Un locutor de radio había comentado que quería ver el día que un joven se acerca a una chamaca linda con la música de La Mafia o Selena saliendo de su carro.

Cuando los variados grupos tejanos tocan, los locales se llenan a total capacidad. La música tejana es la segunda más escuchada en todos los estados Unidos (ocupa el primer lugar la música regional Mexicana). La mayoría de los músicos cantan en español aunque su primer idioma es el inglés.

La música tejana y el Tex-mex ha sido una categoría en los Grammies por mucho tiempo.

Siendo que la categoría de Latin Jazz, se estableció en el 1995, es increíble que la música tejana haya llegado a tal nivel

SELENA COMO TEJANA

Selena era muy orgullosa de ser tejana y también de sus raíces mexicanas. Todos los elementos de las culturas de donde provenía contribuyeron a su formación. Tenía una fuerza de carácter que la hacía muy individual. Tenía mucha determinación y energia que la dejaba hacer lo que le antojaba sin sentir restricciones.

La críaron como mujer Latina, con restricciones sociales. Pero ella escojía su propia manera de ser. Ella hizo la desición conciente de ser esposa tradicional y dejar que Chris hiciera las decisiones de ellos como pareja. Pero considerando que Chris es una persona muy razonable y que siempre hablaba y consultaba todo, la verdád es, que les hacía más fuerte la relación.

UN EJEMPLO A SEGUIR

Era la primera vez en la historia de Texas,

donde una nativa de descendencía mexicana haya recibido tanta popularidad. Todas las Tejanas querían ser como ella. Era guapa, segura y tenía un talento natural. No solo era una mujer bella, pero a la vez era morena.

Ella mandó un mensaje al mundo. "Soy quién soy, ciento por cien verdadera"

Selena era lo siguiente:

Mujer
Amiga
Maestra
Mexicana
Cantante
Hija
Negociante
Americana
Sexi
Esposa
Honesta
Tejana
Fuerte
Animada
Talentosa

CROSS OVER

Podía hacer de todo y nadie podía competir en habilidades con ella, no en vida. Su honestidad y sinceridad eran sin igual. Tenía todo, belleza y talento y seguridad de si misma. Era completamente accesible, y por esto no se le veía con misterio. Era abierta con su público y este le dio su confianza y amor.

Esto no quiere decir que no fuera atacada por la envidia de los mediocres de siempre. Sucede que ella consideró que esas bajas pasiones son un hecho natural que agrede a toda la gente famosa. Al fin y al cabo, tal vez la envidia de Yolanda Saldívar fue lo que la mató, pero nunca la destruyó. A todos tenía confianza y les trataba con honestidad y amor. Esto era todavía otra razón para querer ser como ella. Ella hasta era capaz de amar a los que le tenían envidia.

CAPITULO 7

LA FAMILIA

Una característica de la singular familia Quintanilla Pérez, era la unidad.

Mucho se habla del entorno familiar que gira alrededor de las celebridades. No siempre son buenos, ni positivos los comentarios que surgen a partir de estas situaciones.

La familia Jackson, fue una familia unida que incursionó en el mundo de la música desde que todos los hijos estaban muy pequeños.

De ahí saltó a la fama el archipopular cantante, Michael Jackson. Tras la cadena de éxitos que se produjó alrededor de él, aparecen hace un par de años, fuertes declaraciones de su hermana Latoya Jackson, que incluyen abuso físico, sicológico y hasta abuso sexual por parte del padre de ellos. Con una disciplina muy dura en donde las palizas se hacían presente muy a menudo.

Esto ponía a prueba el otro lado oscuro y triste de las familias del mundo del espectáculo.

Recordando la época de los '40's tenemos a la gran actríz Joan Crawford. Con toda su grandiosa fama y éxito, se revelo la vida de "perro bailarín" que le daba a su hija, en el libro publicado hace más de una década, titulado "Mommy Dearest", en el que se narra la mala vida que le daba a su hija. Una vida llena de constantes abusos físicos, insultos y muy repetidamente castigos físicos.

Hace dos años que muriera el padre del ahora millonario cantante, Luis Miguel, Luisito Rey, de origen español. Se llegó a conocer que había muerto en la pobreza y en el abandono, ya que su hijo Luis Miguel no tenía contacto últimamente con él. Según se sabe, esto fue así debido a que cuando apenas se estaba formando cómo cantante, Luis Miguel, fue objeto de constantes abusos físicos por parte de su padre. Hasta llegó a ser rumor, que había utilizado de mala forma el dinero que su hijo empezaba a ganar al principio de su carrera. Habría sido esta situación, la que los obligó a separarse.

En todas las esferas, hasta en la política se han dado casos, como el de la hija de Ronald Regan, al hacer sorpresivas declaraciones en contra de su padre y sus maltratos..

APOYO FAMILIAR

Aunque se intente buscar una prueba que ponga en tela de juicio el comportamiento de los padres de Selena, no hay ninun indicio que muestre alguna evidencia de abuso hacía los hijos. Sinó todo lo contrario. Recordaba Selena en un programa de televisión, que su padre *"fue con ella y con sus hermanos una persona justa y nunca se sobre pasó con ellos"* y aunque así hubiera sido, *"los hijos no tienen derecho a juzgar a sus padres"*, comentaba Selena.

Aunque el padre de Selena siempre fue el que forjó la carrera de su hija, la madre de la cantante, también jugó un papel importantísimo en la vida de la estrella. Siendo ésta la que más cuidaba de ella en casi todas sus presentaciones y a medida que pudo, siempre estuvo apoyando a su hija.

UNA FAMILIA EJEMPLAR

Esta familia que conoció los sabores del éxito, descubrió desde sus orígenes la fuerza que da la unión, el compartir objetivos comunes y la lucha en conjunto para salir adelante.

Por tradición como familia tejana que eran, siempre trataron de mantener la unidad. La disciplina y la organización fueron esquemas esenciales para la familia Quintanilla.

En el grupo, a pesar que hubo los cambios inevitables que da la vida, razón por la que aparecían nuevos integrantes, estos tenían que concordar en muchos aspectos y no sólo con la proyección de imágenes que el grupo pretendía transmitir. Cada nuevo integrante de Los Dinos pronto pasaba a formar parte de la familia Quintanilla-Pérez.

NEGOCIO DE FAMILIA

Cuando llegó Chris Pérez, se incorporó al grupo como guitarrista y compositor. Luego pasó a ser el esposo de Selena. Su hermano Abraham III aparte de tocar el bajo, se ocupaba de los contratos, la administración de la banda, escribir, arreglar y producir todo el material de Selena.

Suzette Michele, su hermana, toca la batería y se ocupa de la venta promocional de Selena y la agrupación. Marcie, la madre es la que lleva "el alimento y es sostén anímico de la familia", sirviendo bocadillos que calentaba en el microondas mientras se desplazaban en el autobús.

Marcie era la persona que más los alentaba con su gran sentido del humor, con ello aliviaba un poco las tensiones causadas a través de las largas giras que Los Dinos tenían que efectuar.

En una entrevista que hiciera para la televisión, Marcela Pérez de Quintanilla, dedicó muchos elogios para su hija pero ante todo reafirmó sus principios morales. Recordó largamente los consejos que le dio a la cantante cuando le confesó su propósito de contraer enlace con Chris. La madre simplemente le hizo notar todas las responsabilidades que adquiriría como esposa. Pero, conociendo lo responsable que era su hija no puso reparos en que ella labrara su destino de acuerdo a sus convicciones.

SELENA Y EL AMOR DE SU VIDA

CUANTO TE AMO
Si para amarte más, yo te dijera,
que se turba de dolor el alma mía
como se turba al cantar la primavera,
que llena está de pasión y de melancolía.

Si el pecho, en el intento de gritarte,
se rasga como tela de percal,
cuánto pudiera más y más amarte,
con lo tranquilo de fresco manantial.

Y al esbozar las palabras, que circundan
al pensamiento, que se agobia por la
pena
y quiere con candor de llena luna,
alumbrar las olas de la mar sobre la
arena.

Mas, cuanto más quisiera convencerte,
que no necesito decirte cuánto te amo,
si por tu desamor me quedo inerte
y se quedan extendidas mis dos manos.

Sara G. Hervis
Veracruz, Mexico

Selena tenía la ilusión de tener su propia familia. *"Tener hijos es la ilusión de cualquier mujer, y su máxima consagración, es una de mis futuras posibilidades".* Posibilidad que nunca llegó.

Con Christóbal Pérez, Chris, se casó en el año 1992. *"Los artistas no somos invulnerables al amor, por eso me he casado con el hombre que amo"* afirmó entonces Selena resplandeciente de felicidad.

Por el constante trabajo del grupo, era muy poco el tiempo que tenían para estar a sólas, para disfrutar uno del otro. Colaboradores cercanos a ellos, cuentan que la pareja se respetaba y apoyaba mutuamente, pero sobre todo, se amaba intensamente. Cosas que son muy difíciles de sobrellevar en el deambulante medio artístico.

Sin duda, Chris cómo cariñosamente nombraba Selena a su esposo, fue el amor más grande en la vida de la hermosa y genuina cantante.

UNA FAMILIA DESOLADA

El panorama de la familia Quintanilla-Pérez es totalmente desolador, ahora que Selena ya no está entre ellos. Era la hija menor de la familia, la hermana, la esposa, la amiga y la columna vertebral que supo elevar muy a lo alto, el nombre de la familia.

Ni remotamente en vida pensó lanzarse como solista, aunque fuera una foma de hacer más fácil su comercialización, Selena siempre iba aunada a Los Dinos. Comprendió muy bien que todos los premios, los reconocimientos y los aplausos de la gente, los había logrado junto con su familia.

*"Al comienzo nuestro nombre era **Selena y Los Dinos**"* ratificaba la estrella. La razón de usar posteriormente sólo el nombre de Selena era para empezar a pegar el nombre en la cabeza del público, justificaban después. Es que resulta más corto y sencillo decir Selena y con este nombre empezar a abrir el mercado americano.

Además, el nombre de Selena resulta fácil

pronunciar para una persona que no habla español.

"En México se ha seguido usando el nombre de 'Selena y Los Dinos.' Nosotros sabemos que somos un grupo y no nos preocupamos por cosas que en realidad no tienen la mayor importancia", aclaraban luego.

En el grupo eran siete en total; el hermano Abraham Quintanilla III, la hermana Suzette, el esposo Christóbal Pérez, el vocalista Pedro Astudillo, y dos tecladistas; Ricardo Vela y José Ojeda. *"Nos tratamos como hermanos"*, apuntaba Selena en una de sus últimas entrevistas.

CAPITULO 8

TEORIAS DE SU ASESINATO

¿POR QUE FUE SOLA AL MOTEL?

Mucha gente piensa que si no hubiera ido sola Selena al Motel, donde se tenía que ver con su asesina, no hubieran ocurrido los hechos trágicos que acabaron con ella.

La razón por la que Selena fue sóla al Motel,

es que ella se encontraba en ese momento en el estudio de grabación, que quedaba a dos calles del motel, segun lo declarado por Abraham Quintanilla, padre y gerente de la bella cantante.

Selena inocentemente fue sóla como le indicó la asesina. Hacían falta unos documentos que la macabra mujer no llego a entregar la noche anterior, en la que si fue con Chris, su esposo. Con esa inocencia que no alcanzaba a descibrar la perfidia de algunas gentes, Selena acudió a la cita mortal. Nunca imaginó que la Yolanda Sáldívar la esperaba decidida a acabar con ella.

¿SELENA ERA LESBIANA?

Luego del crímen, se empezaron a formular sospechas en el sentido que Selena habría tenido un tórrido romance lesbianista con Yolanda Saldívar. Por la forma en que ocurrieron los hechos finales, se concluía que estos reflejaban un exacto crimen pasional. Se ponía así en tela de juicio la sexualidad de la cantante de Los Dinos.

Según esas sospechas, Yolanda Saldívar, hundida en el despecho, ahora que ya no volvería a ver a Selena, habría preferido acabar con la vida de su amante.

Esta teoría, sin embargo se desvanece casi de inmediato, cuando se recuerda una entrevista en la que decía *"Con Chris me casé en 1992, poseída de un profundo y sincero amor. Ser casada es algo muy normal. La gente tiene que entender que una artista debe tener su vida privada también".*

"Mi esposo es muy sencillo, muy tranquilo. No es celoso. Eso es muy importante para una artista. Lo amo, nos queremos y nos llevamos bien como amigos. Antes que esposos somos los mejores amigos. Le doy gracias a Dios por tener en él a un compañero, un amigo de verdad, muy buena onda, muy buen corazón, por él y por mi familia daría la vida", expresaba con los ojos cargados de ternura y amor cuando pronunciaba el nombre de Chris, el amor de su vida.

Selena era una chica que a pesar de los sacrificios del éxito, recibió amor, unidad y comprensión de los suyos. Llevaba una vida moderada, nunca tuvo una conducta impropia para que la gente tuviera de que hablar.

Fue, es y siempre será toda una mujer... en

toda la extensión de la palabra. Un ser humano muy lindo que sólo supo dar amor a los demás. Todos aquellos que sospecharon de su sexualidad, acabaron tragandose sus palabras.

¿NEXOS CON LA MAFIA?

Algunos sectores de Texas, así como otros estados de la Unión Americana tienen áreas conocidas como zonas de conflictos, de constante abuso de la ley y de permanentes irregularidades que se dan en especialmente en la frontera donde el tráfico de drogas, la trata de blancas, el contrabando y otros delitos son frecuentes y generalmente controladas por grupos de mafiosos que llegan a tener cierto poder en base al dinero malhabido. En tales lugares alcanzar la fortuna abre la sospecha de tratos ilegales.

La carrera musical de Selena era tan cristalina y basada en su talento y en el cúmulo de energías que como equipo lograron los Quintanilla-Pérez que cualquier tipo de duda o sospecha de relación con una organización al márgen de la ley, estaba demás.

UNA MUJER DESESPERADA

Yolanda Saldívar actuó por desesperación al verse descubierta por muchas pruebas que ponían en evidencia que ella había defraudado a Selena y jamas probaría su inocencia.

Los documentos y los estados de cuenta del banco mostraban la falta de fuertes cantidades de dinero. Ante la imposibilidad de contradecir los hechos y el temor de ir a la cárcel, la cegó. Su locura, su obsesión y sus secretas intenciones la hicieron presa. Ya se sabe que Yolanda Saldívar adquirió el arma asesina unos pocos días antes de acabar con la vida de la gran cantante.

La desesperación y el sentirse acorralada hicieron actuar a esta mujer de una forma hostil. Martín Gomez, ayudante de diseño de la línea de ropa de Selena declaró poco tiempo atrás, *"Yolanda está adquiriendo una conducta despectiva con los empleados de Selena"* y estas declaraciones le costaron el puesto.

La desesperación y la locura de Yolanda Saldívar, de pensar que gracias a ella Selena había logrado llegar a la cima del éxito, llevaron leña al fuego de su furia asesina.

CAPITULO 9

OBSESION DE UNA ASESINA

FANATICOS OBSESIONADOS

El ser una fígura pública, muchas veces implica el riesgo de estar expuesta al peligro. Existen muchas celebridades que han sido objeto de, trastornadas actitudes en su contra por cierto tipo de personas.

Muchas veces lo han llevado hasta la muerte. La admiración por un ser diferente o superior a nosotros, puede desembocar en el origen de una obsesión. La envidia y la inconformidad muchas veces terminan en obsesiones malsanas y homicidas.

Se sabe que la actriz norteamericana, Jody Foster, ha sufrido del acecho de un fanático obsesionado en poseerla. Este después de haber estado en la cárcel en repetidas ocaciones, sigue acosando a la estrella.

Otro caso muy sonado fue el de las campeonas de patinaje, Nancy Kerrigan y Tanya Harding. Esta última mandó a su ex-esposo a romperle las piernas a la primera, ya que en su obsesión no soportaba que la otra le llevara ventaja en el congelado deporte y sobre todo era más guapa y simpática.

Un obsesionado fan, David Chapman, le dió muerte al famoso cantautor John Lennon, ex integrante del grupo Los Beatles.

Segun Chapman acribilló a Lennon por que era *"el artista que más admiraba y lo quería hacer inmortal"*. David Chapman pensó que él mismo llegaría a ser muy reconocido por haber matado a alguien de la altura de John Lennon.

La verdad es que si no hubiera sido por esta acción criminal, nadie hubiera conocido el nombre de este fánatico obseso David Chapman.

Una obsesión de poder a un alto nivel habría motivado el complot secreto, que culminó con la muerte del presidente John F. Kennedy.

Hasta el momento no se ha determinado la cupabilidad de O.J. Simpson, pero personas cercanas a éste lo recuerdan como una persona neurótica, obsesiva y muy ofensiva, con su ex esposa Nicole.

¿Serían las obsesiones de Simpson las que acabaron con la vida de su ex-mujer?

Recientemente, una tenista mientras jugaba, recibió tremenda cuchillada en la espalda, para que ésta no ganara a otra tenista que era la favorita del tipo.

La obsesión es una compulsiva preocupación con una idea fija o un sentimiento no deseado. Este complejo sistema de emociones incontroladas a la vez estimula ideas o emociónes que siempre terminan en actos desesperados.

YOLANDA SALDÍVAR
UNA FAN OBSESIONADA

Todo parecía color de rosa, hace cuatro años cuando Yolanda Saldívar llegó a la vida de Selena.

Era tanta su emoción y ganas de fundar un club de admiradores, que al principio no cuadraron con las ideas tradicionales de Selena y su familia.

Después de varias maniobras, la mujer se echó al bolsillo a todos (y al dinero también). Pronto pasó a ser la presidenta oficial del club de admiradores de la popular cantante.

Repentinamente la mujer se convirtió en la asistente personal de la artista, actividad que en su momento ocupara Suzette la hermana de la cantante.

Era tanta su vehemencia, que terminó por ganarse la confianza de la familia entera, hasta el grado de lograr hacerse gerente de las tiendas de ropa, propiedad de Selena. Era tan entrometido el carácter de esta mujer que poco a poco llegó a convencerse que todo lo que había logrado la cantante era gracias a sus esfuerzos.

Una vecina de Yolanda Saldívar, Leticia Maldonado, asombrada por la posición que había alcanzado, le preguntó por sus actividades con la cantante. En una actitud alucinante le dijo que ella era la manager, que gracias a sus contactos Selena iba a ser superfamosa, y que gracias a ella había ganado todos los premios que la estaban llevando a la cima de la fama.

Su comportamiento partícularmente contradictorio mostraba buena conducta enfrente de Selena y su familia, pero cuando ellos no se encontraban, solía tratar despóticamente a los empleados hasta el punto que muchos tuvieron que renunciar a sus trabajos.

Un empleado que colaboró en una de las empresas de la artista, y que pidió mantener su nombre verdadero en el anonimato, mandó una misiva a la revista Mundo Fantástico, en la que denuncia el comportamiento cruel y maquiavélico de Yolanda Saldívar.

El anónimo empleado no se explicaba por qué se mantuvo a esta desagradable mujer al frente de los negocios de Selena, que si era buena y generosa con los empleados que trabajaban con ella.

"Yolanda Saldívar nos tenía prohibido tener un trato íntimo con Selena. Sabía que ello podría perjudicarla, pues el descontento de todos los que trabajabamos para ella era generalizado, y la podíamos denunciar en cualquier momento. Varios de nosotros sospechabamos que se llevaba dinero de la empresa". escribe el anónimo empleado. *"A nosotros nos mostraba un rostro fiero y agresivo, pero cuando Selena aparecía, se transformaba en una dulce paloma"*, prosigue la nota, haciendo énfasis en que parecía que Yolanda Saldívar también tenía otras apetencias hacia su víctima.

El empleado tambien refiere al hecho, muy comentado entre algunos trabajadores de la forma en que Saldívar miraba el exuberante cuerpo de Selena. *"Se la comía con los ojos"* dice en su carta.

El diseñador principal de la tienda, Martín Gómez, renunció a su trabajo porque no aguantaba a Yolanda Saldívar y sus cambios de personalidad.

El confirmó que la asesina era totalmente diferente cuando los Quintanilla aparecían. Al saber de la muerte de Selena, Martín Gómez, deshecho e inundado por las lágrimas, decía

"Yo les había advertido, pero no quisieron creer. Yo sabía que ella era mala."

YOLANDA Y SU BOCHORNOSO PASADO

En otro párrafo de su carta, el empleado insiste en que se le tiene que hacer una investigación necesaria al sucio pasado de esta mujer que se disfrazó de oveja.

Específicamente pide que se investigue su época de enfermera, pues al parecer habría la sospecha que aprovechando su posición llegó a tener relaciones íntimas forzadas con algunas de las pacientes que por infortunio cayeron en sus garras.

FIANZA RIDICULA

Es muy raro el hermetismo con que la policía se ha guardado las investigaciones del horrible asesinat. Poco o casi nada se sabe , de lo que Yolanda Saldívar hablaba con la policía cuando se encontraba atrincherada en su camioneta roja, por mas de nueve horas, después de cometida su felonía.

Hasta el momento no han sido revelados

los motivos del crimen y se siguen manteniendo cautelosamente en secreto:

¿Le corroía la idea de que Selena era casada y féliz?

¿Cualés eran realmente los sentimientos de Yolanda por Selena?

¿Sintió que al ser despedida, ya no volvería a ver a la mujer que tanto admiraba?

O era que en el fondo tenía envidia a la estrella por que literalmente gozaba de "todo".

Yolanda Saldívar, se encuentra ahora en la cárcel estatal de Texas en Corpus Christi, y enfrenta cargos de asesinato en primer grado. Se le asignó en una primera instancia, una fianza ridícula de $100,000 (cién mil dólares).

Aunque actualmente se incrementó a medio millón de dolares, luego de su primera comparecencia ante la Corte.

Yolanda Saldívar cinicamente suplicó al juez en turno que se le redujera la fianza a solo díez mil dólares, alegando que no contaba con la primera cantidad.

¿Entonces que hizo con todo el dinero que supuestamente robó?

El juez denego su pedido de reducción de la fianza, por que se supone que Yolanda tiene nexos con gente extraña que la ayudaría a escapar del país.

Lo más extraño del despliegue de los medios informativos, es que a diferencia del caso en corte del ex futbolista, O.J. Simpson, a éste se le ha dado un continuo seguimiento en cambio al caso de Yolanda Saldívar se le mantiene en un hermetismo total.

La maldita obsesión de esta mujer destruyó a una fígura que todos admiraban en masa. Una artista completa que brillaba como nunca en el firmamento musical. Pero, con su crimen, Yolanda Saldívarl igual se destruyó a si misma, por que en el fondo cargará por siempre la culpa de que ha destruido a lo que más quiere y ha truncado una esperanza de muchos seres humanos.

CAPITULO 10

ROSAS BLANCAS

EL ASESINATO

NUESTRA QUERIDA SELENA MURIO DE un disparo mortal el viernes, 31 de Marzo de 1995, a las 13:05 horas, después de un altercado con Yolanda Saldívar, empleada de la artista y presidenta de su club de admiradores.

Ella recibió el impacto de un disparo en el hombro derecho que le atravesó el hombro llegando a afectar una artería principal que originó una hemorragía incontrolable. A pesar de esto Selena tuvo fuerzas para seguir corriendo y escapar de la terrible mujer.

Según testigos, las dos mujeres habían discutido y minutos después algunas empleadas del motel vieron cómo Selena corría por unos de los pasillos del motel seguida de Saldívar.

Todo sucedió tan inesperadamente que fue difícil entender lo que estaba ocurriendo. Cerca del vestíbulo del motel Yolanda Saldívar, pistola en mano con desesperación y rabia en los ojos vociferaba.

LA MUERTE

Fue como en cámara lenta que Selena se desplomó al piso.

Los pocos testigos estaban anonadados, paralizados, incapaces de moverse. Un empleado del Motel se quitó la camisa y la ató alrededor del hombro derecho de la cantante, tratando de detener la incontenible hemorragia. Muy quietamente, como si nada hubiera ocurrido, Yolanda Saldívar caminó a su vehículo y empezó a rodear el Motel varias veces.

Según algunos de sus voceros, la policia no entendía si Saldívar rodeaba el área de los hechos para socorrer a la víctima o para darle otro tiro de gracia. Esto podría suponer que el asesinato había sido fríamente calculado.

¿Qué es lo que llevó a Yolanda Saldívar, a estos extremos?

¿Porqué asesinó a la persona por la que supuestamente había hecho todo?

¿Qué la hizo entrar en ese desquicio?

¿Qué fuerza misteriosa la impulsó a matar a Selena Quintanilla Perez?

Selena completamente inconciente, yacía tirada en el piso desangrandose mortalmente. Los empleados del Motel asombrados tratando de salvarle la vida, llamaron a la Policía y a la ambulancia.

La Policía y los paramédicos llegaron casí al instante. Pero era demasiado tarde. Selena había muerto de un masiva pérdida de sangre. Nadie supo que hacer.

ABRAHAM Y CHRIS

Abraham Quintanilla, el padre de Selena y Chris Pérez, esposo de la cantante, se encontraban en el estudio de grabación que queda a escasas dos cuadras del Motel.

Ellos sabían que Selena había ido a ver a Yolanda sóla. Ninguno de los dos creyó que fuera buena idea ir sóla a la cita, por que ya habían tenido un encuentro con la mujer la noche anterior y esta los había engañado al no entregarles la documentación completa como habían acordado.

¿Por qué Yolanda estaba haciendo todo más dificil para ellos?

¿Si sólo querían que este tonto juego terminara pronto porque los Quintanilla-Pérez no actuaron de distinta manera? ¿Es que fue muy duro para ellos entender porque Yolanda, la mujer en la que habían depositado toda su confianza les había robado dinero?

Selena valientemente se atrevió a ir sola. Quizas pensaba que esa sería una oportunidad para conocer la verdad, aunque sea al precio de su vida.

No la volvieron a ver con vida, no hubo ya

ningún adios. Yolanda Saldívar no sólo destruyó la confianza que se había depositado en ella. También acabó con la vida de Selena.

Don Abraham y Chris, pacientemente la esperaban en el estudio, su padre y su esposo seguían repitiendo que el Motel estaba a solo dos cuadras. Estaban en pleno trabajo, en la grabación del álbum de Selena en Inglés. Ellos ya habían terminado 4 canciones, y ese día comenzarían a grabar la quinta pieza.

Mientras esperaban, Abraham, el padre de Selena, se preguntaba de quién había sacado el carácter su hija. Probablemente de él.

Selena siempre insistía en hacer las cosas a su manera. Pero era demasiado inocente. Abraham se preguntaba como su hija conservaba la sencillez sin dejar que la fama se le subiera a la cabeza. El se había esforzado tanto en hacerles entender a sus hijos que el negocio de la música era como cual quier otro tipo de negocio y lo duro que significa trabajar en él.

Abraham se preocupaba todos los días de su inocente hija. Ya que como se sabe era común encontrarla en la tienda, sóla sin nadie que la acompañara. Eso era lo que Selena nunca entendió, que una estrella necesitaba privacidad, sin darse cuenta que hay gente muy mala en las calles.

SONO EL TELEFONO

El telefono suena, y Chris tan inocente como Selena, lo toma pensando que era su esposa. Pero estaba equivocado. Lo que el escuchó fue una de las peores noticias que había recibido en su vida. Su esposa, el amor de su vida había sido baleada y yacía en un hospital.

El telefono suena nuevamente, el señor Quintanilla llama a su devota esposa Marcela y a sus otros hijos. Nuestra hija ha sido herida de bala. Apresurados y confundidos, llegan al hospital, demasiado tarde, Selena ya había muerto.

NUEVE HORAS

Como rata asustada y dándose cuenta de su terrible fechoría, la asesina de Selena se atrincheraba en una camioneta roja que ella misma conducía.

Yolanda Saldívar se mantuvó encerrada en

su camioneta por más de nueve horas, sin hablar del horrible motivo que la obligó a matar a Selena.

Con la misma arma homicida se apuntaba repetidamente a la cabeza, como en señal de suicido al escuchar en la radio de la rápida muerte de Selena.

Las autoridades trataron de negociar pero ella no dejaba de apuntar el arma hacía su cabeza. Cuando se cansaba con un brazo, utilizaba el otro.

En un esfuerzo por comunicarse con ella, la Policía le tiró un teléfono celular dentro del carro. Este se convirtió en el único metodo de comunicación para ellos. Pero Yolanda no quería salir del vehículo.

Finalmente, abandonó la camioneta roja con el arma en la mano. Yolanda Saldívar fue arrestada por asesinar en primer grado a Selena Quintanilla Pérez.

LA REACCION

La noticia se regó como polvora. La histeria reinaba, tanto como los rumores de la muerte de la super estrella. Las amenazas no se hicieron esperar para la esposa de Emilio Navaira, un compañero tejano que pertenecía al mismo género musical. Navaira era considerado la más grande competencía de Selena, y muchos asumieron que su esposa era la asesina de la bella Selena.

Carros en caravanas alrededor de la ciudad de Corpus Christi, se movilizaron después de la muerte de Selena, parando en su tienda de ropa, en su casa y en el maldito Motel.

Recordando, y anhelando que no fuera verdad. *"Por favor no dejen que sea verdad"* se escuchaba por doquier. Las vigilias se extendieron simultáneamente a través de todo el estado de Texas. Había un sentimiento de haber perdido a una gran amiga. Los autoestéreos sonaban fuertemente con la música de la cantante. Se podían leer mensajes que habían sido escritos por todas partes. *"Selena tocó el cielo, como los hizo en la tierra".*

La mujeres con el maquillaje que se les corría de los ojos, cantaban las canciones favoritas de la estrella. Los niños histéricos denotaban una pérdida tan profunda como si Selena hubiera sido de la familia.

Se creó un sentimiento de desconsuelo masivo. Mucha gente paró de trabajar y los salarios fueron perdidos. Para aquellos que la admiraban, la noticia fue un duro golpe.

El único consuelo que tenían era la música de esta fallecida cantante. Ellos querían oir más música. Ellos oían como ella les hablaba, solamente a ellos. Como cuando cantaba en su Ultimo Adiós.

Si vieras cómo duele
perder tu amor.
Con tu adiós te
llevas mi corazón.
No sé si puedo volver a amar
Porque te di todo el amor que pude dar

Nadie quería creerlo. El dolor era muy grande. De acuerdo a las peticiones de su público, el ataud que contenía el cuerpo de Selena fue llevado al centro de convenciones de Corpus Christi, Texas. De esta manera se despedirían de la hermosa mujer.

Existía aún cierto grado de incredulidad que se negaba a aceptar lo ocurrido. Ante tal exigencia, la familia Quintanilla Perez, se vió obligada a abrir el ataud. La belleza angelical de Selena estaba ahí para que todos la vieran, y no dejaran de recordar lo difícil que significaba su pérdida.

EL FUNERAL

El funeral se llevó a cabo el lunes, 3 de abril de 1995. Estuvo cerrado para el público, asistieron cerca de 600 personas, entre amigos de Selena, amistades de la familia y gente que había trabajado con ella. Entre los asistentes se encontraba Vicki Carr, Emilio Navaira, Los Barrio Boyzz, Johnny Canales y ejecutivos de EMI Latin.

Aunque el público en general no tenía cabida en el funeral, miles de personas llegaron hasta el borde del cementerio, calladamente recordándola. Cada uno vino con una rosa blanca, la flor favorita de Selena.

La primera persona en colocar una de estas rosas sobre su ataúd fue su madre Marcie, seguida de su esposo Chris, el resto de la familia y amigos. Se colocaron cerca de 8,000 rosas, las cuales se repartieron después entre todos los seguidores de una forma desesperada, como queriendo tener un último recuerdo de la artista.

El semblante de la madre de Selena era de una tristeza interminable, de un aspecto de completa destrucción. Chris, el esposo de Selena, intentaba ayudar a sostener a su suegra. pero las fuerzas le faltaban, dificilmente Chris podía permanecer de pie. Las piernas le temblaban. Su cuerpo estaba deshecho y su alma se consumía en el cementerio, deseando poder ver y tocar a su bella Selena una vez más.

SELENA, DESCANSE EN PAZ.

CAPITULO 11

EXPLOTACION DESPUES DE SU MUERTE

Cuando una estrella muere, se va dírectamente al cielo. Pero aquí en la tierra, su popularidad sube como la espuma y hay quienes siempre aprovechan de la situación, hasta el grado víl de enriquecerse a costa de lo que sea.

ESTRELLAS CAIDAS

Los pintores mueren y sus pinturas se convierten en objetos de gran valor. Van Gogh, por ejemplo murió en la pobreza total. Después de su muerte el precio de sus pinturas alcanzan cifras que rozan los millones.

Cuando alguna celebridad en el mundo de la música ha muerto, las ventas de sus discos alcanzan cifras muy altas. Despues del suicidio de Kurt Cobain, las ventas de los discos de Nirvana rompieron varios récords de comercialización. Lo mismo pasó con la venta de los discos de Los Beatles y John Lennon después de la muerte del cantautor.

El resugimiento del rock y sus fans, ha creado leyendas despues de la muerte, como el popular Richie Valens (La Bamba), Jimi Hendrix, Jim Morrison del grupo "The Doors", Freddy Mercury de Queen entre otros. No necesariamente significa que las ventas de discos de los artistas en mención continuan siendo altas.

Hasta la fecha las ventas de "AMOR PROHIBIDO", el último disco que grabara Selena, despues de su muerte ya sobrepasa el millón de copias vendidas. Esto sin considerar el hecho de que cuatro de sus canciones figuran simultáneamente en las listas de popularidad de la revista Billboard, dentro de la lista, los 10 mejores temas del momento.

Lo más seguro despues de esto es que reciba una nominación nuevamente para el premio GRAMMY. Seguramente la compania EMI Latin no mire con malos ojos las buenas ventas y los ingresos que esto les vaya a dejar.

Otros recursos de ingresos se incluye:

1- La linea de ropa de Selena

Sin duda, las tiendas de Selena en Texas, se convertirán en un gran suceso. Por lo pronto, la sucursal de Corpus Christi ya agotó la existencia de todas sus mercancías. Segun fuentes confidenciales después de la muerte de Selena, se distribuirá este tipo de ropa a otras regiones de los Estados Unidos.

Las mujeres de cualquier lado, ahora más que nunca, querrán copiar la forma sexy y elegante de vestir de Selena . Especialmente si la fallecida estrella fue la que diseñó y puso su marca.

2- Camisetas

Seguramente ya mucha gente haya comprado su camiseta con el estampado de Selena al frente,camisetas diseñadas sin la autorización de la familia. Tanto chicos, taxistas, abuelas, estudiantes, etc.

3- Posters y tarjetas postales

4- Libros, revistas, periódicos

5- Videos pirata en presentación de sus conciertos.

COCA COLA

Antes de la muerte de Selena, ella había sido contratada por la companía refresquera COCA COLA. Esta companía tenía la gran esperanza de elevar internacionalmente la venta de su producto, utilizando la imagen de la bella cantante. Para entonces, la estrella ya había ganado el reconocimiento de la comunidad hispana dentro de los Estados Unidos y en el resto de latinoamérica. Ella sería la vocera en lograr ganar nuevos mercados. Con ello se pondría al nivel de figuras tales como Michael Jackson y Patrick Ewing.

Coca Cola no perdió las esperanzas, y en su intento con lucrar con los hechos, va a sacar una botella de colección conmemorativa que lleva el nombre de "Botella de Coca-Cola Selena", la que será como un artículo de colección en el mercado latino, en donde se concentra el mayor número de admiradores de la estrella.

Además se encuentran en pláticas el crear comerciales con el rostro de la cantante. La tecnología de hoy en día nos permite "manipular" algunas tomas de conciertos y programas de televisión para convertirlas en imagenes necesarias para un anuncio. Ellos usarían la música de la película "Don Juan de Marco", en donde aparece la estrella al lado de un grupo de Mariachi.

Coca -Cola tiene la intención de revivir a Selena para su apenado público, con un mensaje hasta cierto punto de mal gusto: "Compre Coca-Cola", lo que se traduce como un hecho de tomar ventaja de la gente que necesita verla una vez más. Es inimaginable la avaricia de estos planes que habrán de incrementar fuertemente las ventas del refresco, debido a que sus seguidores verán su cara y escucharán su voz otra vez.

¿DONDE IRA EL DINERO?

Mucha gente se enriquecerá de la muerte de Selena. La companía de discos y sus distribuidoras sacarán buenas ganancias de una gran manera. Los comerciantes que desvergonzadamente están tomando ventaja de su popularidad, y muchos otros.

Deseamos, al menos, que los que saquen algún tipo de buena ganancia sean sus familiares. Selena le debía todo a su familia y ellos son los que más se merecen una compensación que si no servirá para paliar sus penas, por lo menos se sabe que estaría en manos de gente que además está comprometida con el progreso de su pueblo.

Probablemente, si Selena tuviera la oportunidad de escoger, ella pediría que gran parte de las ganancias se destinasen a proyectos educacionales, que ella siempre promovió muy fuertemente.

CAPITULO 12

EL ABUSO DESMEDIDO DE LOS MEDIOS

En primer lugar están los boletines de prensa tan extraños que emitió EMI Latin, con especulaciones de que iban a deterner la distribución de los discos de Selena y Los Dinos. Cómo era lógico, un evento de esta naturaleza iba a provocar la compra masiva de sus discos, luego de lo cual, la companía EMI Latin, sería "forzada" a no suspender la distribución del material de Selena.

Solo en un par de días de salida la noticia, se distribuyeron miles de estos discos, resultando en provecho de las tiendas de discos y la disquera. Y como siempre, el que paga los es el confundido público.

CANALES DE TELEVISION

En medio de tanta confusión, unos resultaron objetivos al dar la noticia de la tragedia, pero otros con un sentido amarillista y morboso, repetían persistentemente el dolor que provocaba la muerte de la estrella entre su público de una forma casi vulgar.

Todo mundo quería hacer su "agosto al costo". Hasta los canales americanos cubrieron la noticia, al fin y al cabo era una muy mala noticia.

Esto es, encuadraba dentro de lo que la mayoría de estos canales les gusta informar respecto de los hispanos, siempre mezclados en crímenes, o en tragedias, o escéandalos policiales. Hablaron de la muerte de Selena recordando apenas sus logros artísticos que nunca mencionaron mientras vivía.

LA RADIO HISPANA

La radio hispana, se considera la más respetuosa en el asunto. Se limitó a informar de los hechos además de hacer maratónicas programaciones de la música de Selena. Era como una gota de consuelo a los oídos de los radioescuchas. Poder escuchar una vez más la música de esta sin igual mujer.

EL PELO EN LA SOPA

Pero tenía que salir el pen...sante del día, Howard Stern, el irreverente locutor de radio que quiso aprovechar la situación para burlarse de la música de los hispanos y lanzar comentarios insultantes para la familia de Selena, como para los Latinos en general.

Lo más aberrante es que cómo quisó aumentar su popularidad, usando el nombre de una persona ya muerta. Tocó los temas más famosos de Selena y vílmente hizo retumbar sonidos de balas mientras sonaba la música. *"Esta música no me conmueve, absolutamente en nada. Las ardillas, Alvin y los Chipmunks tienen mucho más espírItu... Los hispanos tienen el peor gusto musical. No tienen profundidad"*.

Immediatamente se hicieron sentir fuertes protestas a sus insultos y en contra de las estaciones que transmiten su controversial programa.

Por si fuera poco, se declaró el boicot hispano contra los productos que se anuncian en su programa. Esto lo forzó a disculparse ante la comunidad hispana en un español todo machucado y para el colmo, al día siguiente dijo que no había entendido lo que leyó.

Lo mejor es mantener el "boicot" permanente contra los productos que patrocinen el programa para que sienta que con los sentimientos de los hispanos, no se juega. Sobre todo en la forma en la forma en que él lo hizo. **¡Boicot permanente a Howard Stern!**

SELENA Y LAS COMPARACIONES

Insistentemente, han querido comparar a Selena con: Madonna, Gloria Estefan, Linda Ronstadt, Whitney Houston, entre otras.

Entre Madonna y Selena, existe mucha diferencia. Madonna ha basado su éxito y popularidad a sus constantes escándalos y al uso desmedido de su persona. Aunque es una de las mas éxitosas mujeres en el mundo de la música, Selena no tenía nada que envidiarle, por que Selena fue una persona genuina. En vida no necesitó ningun tipo de controversia para conseguir la popularidad.

Entre Gloría Estefan y Selena, sólo existe el deseo de expandir el nombre de los Latinos en el mundo. Selena hubiera podido cosechar más logros. Tenía fuertes ofertas en Hollywood, área en la que Gloría Estefan no ha incursionado.

Conquistó al público Latino de una forma apabullante y estaba lista para conseguir nuevos mercados.

Con Whitney Houston, se parecía en esa sensibilidad y gran voz para realizar sus interpretaciones.

En el caso de Linda Rondstadt, la diferencia es clara. A pesar de la herencía mexicana de Linda, nunca se ha preocupado por aprender el idioma de los suyos.

Linda Rondstadt, canta en español por conveniencia y porque los discos que ha grabado le han reportado muy buenas ganancias, pero en realidad no goza del gusto popular.

Por el contrario, Selena supo aprender un idioma que no hablaba, una lengua que habla de sus origenes y del sentimiento sencillo de su pueblo.

Por más que se intente comparar con cualquier otra persona, no existe tal comparación. Selena siempre fue y será una mujer única.

CAPITULO 13

EL CULTO A SELENA

COMPARACION CON FRIDA KAHLO

Entre la famosa pintora Frida Kahlo, y Selena Quintanilla Pérez, existen muchas cosas en común. Ellas fueron dos ejemplos a seguir para las mujeres, especialmente latinas. Ambas vivieron sus vidas completas en un corto tiempo, acumulando grandes logros artísticos.

Desesperadamente quisieron tener hijos, y nunca tuvieron la oportunidad.

Entendieron muy bien su posición como mujer. En las cosas que se diferencian es que Frida Kahlo había sufrido muchas tragedias en su vida, incluyendo cuando sufrió de poliomelitis y las constantes infidelidades de su esposo el muralista, Diego Rivera.

Selena había vivido una vida demasiado corta que se asemejaba a una vida perfecta. Ella fue capaz de lograr todo lo que soñó y aún más.

Frida fue capaz de interpretar su dolor personal y propio de una mujer, a través de sus extraordinarias pinturas. Mientras ella estuvo viva, su talento como artista no fue virtualmente reconocido. La única razón por la que empezó a ser nombrada fue que ganó un poco de popularidad debido a su matrimonio con el muralista mexicano Diego Rivera.

Despues de su muerte el culto hacía Frida Kahlo nació. Las mujeres de muchas partes del mundo se encontraban en Frida, como a través del dolor que plasmó en sus pinturas, que la convirtieron el algo así como la Santa de las Desolaciones de la Mujer.

A consecuencia de esto, sus pinturas aumentaron de valor y continúa en acenso. Despues le siguieron algunos productos tales como: biografías, libros de arte, películas, tarjetas postales, el museo Frida Kahlo, ...¿Quién esta sacando ganancias de todo esto? ¿Frida? ¡para nada!

Ambas, Frida y Selena, han dado un nombre y rostro a esas cosas por las que especialmente las mujeres latinas batallan día con día, como la maternidad, el respeto y el reconocimiento.

Cuando Frida estuvo viva no tuvo el placer de tener una masa de seguidores, como Selena. Es muy obvio que el culto a Selena empezará pronto. Despues de todo, Selena fue asesinada en el punto más alto de su trayectoría artística.

LAS SEÑALES DE SELENA

La respuesta hacía la muerte de Selena es incomprensible. Tanto que mucha gente que nunca oyó de la palabra TEJANO, ahora saben tristemente quien era Selena.

Entre sus seguidores, las emociones han sido asombrosas. Apenas se transmitió el anuncio de su muerte, una procesion y vigilia con velas blancas fue organizada por una estación de música Tejana.

Alrededor de 5,000 personas salieron, cada una de ellas con una vela en su honor y con una lágrima de dolor. La rabia se sintió entre todos los presentes pero mantuvieron la calma al recordar que Selena fue muerta por una mortal pistola.

El cuarto 158 del Motel Days Inn en Corpus Christi, Texas ya no estuvo disponible al público. Se había convertido en un altar para Selena. Mensajes de amor y esperanza eran escritos sobre la puerta y las paredes de la habitación.

La gente le pide ahora su protección, confiando en que inmediatamente llegó al reino de Dios. Están seguros que ella siempre estará presente y los cuidará. Flores y velas son puestas para mantener viva su presencia. Selena esta siendo divinizada y las oraciones son constantemente repetidas hacía ella.

En la trágica aparición de lo acontecido, sus admiradores buscan y buscan deseperadamente, esperando encontrar algo que les hable de su querida Selena. A tal grado, que hasta los restos de la sangre que derramó cuando fue mortalmente herida son buscados. Por lo menos como recuerdo de esta linda flor.

Incluso, se ha dicho que la ropa que usaba el día de su asesinato fue misteriosamente robada. La emoción de la muerte de Selena prueba que este no va a ser un hecho fácilmente olvidado. Se asume la cantidad inaudita de jovencitas pidiendo la ayuda de Selena allá desde el cielo.

Selena era una chica sencilla de pueblo. Es muy posible que el poblado de Corpus Christi, pronto sea reconocido como el pueblo de la artista y no será raro que se levante un museo en su honor. Así sucedió con Elvis Presley. Su casa se convirtió en un lugar turístico con miles de visitantes al año.

EPILOGO

Nuestra querida Selena ha muerto, ella ha sido arrancada de nosotros en el momento cuando más la necesitabamos. Ella era una mujer del pueblo. Tocó nuestros corazones, por que ella sabía que la necesitabamos. Tanto como ella necesitaba de su público, que sin él, nunca hubiera sido la gran estrella.

Estabamos tan contentos, con la idea, de que al menos, existiera una personalidad que pudiera representar a los latinos, de la forma como ella llegó a representarnos.

Selena fue siempre verdadera y leal a ella

misma y a su cultura. Sin juegos, sin máscaras, sin falsedades. Simplemente lo dio todo sin escatimar esfuerzos.

Ella supo que la gente que pagaba para ver su espectáculo, hacía un esfuerzo enorme, porque ese dinerito también hacía falta para otras cosas. Por eso ella nunca nos defraudó con su espectáculo y con el amor que nos prodigó.

Selena era una mujer que supo canalizar el apoyo de su familia y su cariñoso esposo constituyendo un saludable ejemplo que alienta la esperanza y guía a ser como ellos.

Selena representaba a la persona Latina con su infinita belleza unida a sus fuertes raíces culturales, a sus tradiciones, al respeto y a la unidad familiar.

El padre de Selena quiere continuar con la banda Los Dinos, aunque sabe que sin Selena, no será iqual. Pero si ella todavía estuviera aquí, pediría que no se parara el grupo.

El apoyo moral de todos los admiradores de Selena y las muestras de cariño, han ayudado a soportar la pena moral de la pérdida de este grandioso ser humano, a su familia.

Proximamente sacarán a la venta el disco en inglés que quedó inconcluso. Se reabrirán sus dos "Boutiques" y sacarán a la venta un perfume con el nombre de la estrella.

Lo más importante de todo es que los principios que Selena promovió: Educación, Moral, Amor a Dios y a la familia, seguirán siendo alentados por la familia que ya decidió crear la Fundación Selena que entre otras cosas va a contribuir a ayudar a la educación de nuevas generaciones de artistas en el conocimiento de la música tejana y todos los valores culturales que ella conlleva.

Pero nada de esto va aliviar la pena de sentir que nos han matado a una gran hermana.

SELENA ...

¡SIEMPRE TE RECORDAREMOS!...

Premio Música Tejana: En una de sus recientes entregas del premio a la Música Tejana en 1993.
(Gramma-Liason)

Texas Music Award : In San Antonio, receiving an award in 1993.

Hard Rock Café : Durante la apertura del Bar Restaurante Hard Rock Café en San Antonio, Texas. Selena hizó su aparición cantando una de sus famosas canciones. La ovación fue tan grande que la gente no podía ni circular dentro del mismo.

(Gramma-Liason/Smith)

Hard Rock Café: During the opening of the Bar-Restaurant in San Antonio, Texas. Selena sang one of her famous songs. The crowd was so big that nobody could walk inside the restaurant.

Texas Motel: *Always with poise and grace, Selena knew how to perform at a photo shoot like a professional model!*

Texas Motel: Posando con el humor y simpatía que siempre supo brindar ante las cámaras, y tras las exigencias de los maquilladores y fotógrafos. Selena sabía como posar con humor siempre sonriendo.

(Gamma-Liason/Pam Francis)

Fotos de Juventud : Otra foto donde aparece con el pelo corto y rizado al natural, ¿Quién hubiera dicho que entonces Selena decidiría cambiar de estilo e imponer su propia moda?
(Gramma-Liason)

Young picture: *Another picture where we can see her with her hair cut hair and curled .*

Archive pictures: A different version of the late Selena. Here she appears with curled hair, in 1989. We can appreciate her roots in this picture.

Fotos de Archivo: Una versión muy diferente de la Selena que conocimos. Con el pelo rizado, a la edad de 16 años. En esta foto se aprecian sus ra¢íces.

(Gramma-Liason)

Actuaciones: Durante sus actuaciones, Selena siempre vestía los modelos que ella misma solía diseñar. ¿Un estilo a lo Madonna? Selena tenía su propio estilo y personalidad.

(Gramma-Liason)

Shows : *During her shows Selena always was dressing with her own designs. Madonna style? Yet always, she kept her own style and personality.*

To Selena's Fans:
A Personal Message
from the
Quintanilla-Perez Family:

Part of the proceeds from this book will go directly to the Selena Foundation, which has been set up by our family to help educate future Tejano Stars.

The following book is not our family's version of Selena's story, but it is in our opinion a fair compilation of the many published articles about Selena and of interviews that Selena gave over the course of her career.

In that, we would like to thank the El Diario Books for making this book possible.

ABRAHAM QUINTANILLA Sr.

Corpus Christi, May 1995

CALL SELENA'S FAMILY DIRECTLY TO LEAVE A MESSAGE

If you would like to deliver a message of condolence to the Quintanilla-Perez family, please call:

1-900-786-9000

This line will be available starting June 10

Each call will cost $3.99.

Part of the proceeds will benefit the Selena Foundation. You will also be able to leave your name and address, if you like. You will then receive, absolutely free, a postcard about her fan club. You will be able to find out about new, unreleased recordings that may become available, the latest news about the Quintanilla-Perez family, and other exciting information about the world of Tejano music.

• COUPON •

YES, I would like to have my name on the **El Diario Books** Mailing List to receive **FREE** information about new publications about Selana, Tejano music, or the Tex-Mex music scene.

Name: ... ...

Address: ... ...

City/State/Zip: ... ...

Phone Nº: ... ...

Please send your correspondence to:

EL DIARIO BOOKS
143 Varick Street
New York, N.Y. 10013

If you don't want to cut this page, please send us the information on a regular Post Card

16 PAGES OF RARE, BEAUTIFUL PHOTOS OF SELENA AS YOU WILL REMEMBER HER ALWAYS!

"AFTER ALL THE RUMORS AND FALSEHOODS, IT'S GREAT TO READ THE BOOK THAT HAS BEEN READ AND APPROVED BY THE FAMILY!"
ROBERTO M. GARCIA PhD

"A sensitive, complete biography of a beautiful woman who touched the hearts and souls of millions of fans. I picked up the book in the afternoon, and could not put it down until 3 in the morning! It is filled with compelling information about Selena that I never knew before from other publications. I recommend that EVERYBODY read this book and become aware of the vital heartbeat of those proud people we call TEJANOS!

- **Godofredo Bonhomini,**
International Music Records

"I had tears in my eyes as I read the story of this Tejana flower who was pulled from the earth at the peak of her glory. I was fascinated to read the story of her brave family who started with nothing and helped propel their devoted daughter to the heights of fame, Grammy Awards, and super stardom. I was horrified to read the lesbian rumors about her killer, and the deceit and jealousy that brought about her senseless murder. After you have read the headlines, you must find out the truth from this sensitive and revealing book!"

- **Carmen Sanchez,**
Mexico City Music Beat

"After seeing the stories on TV, I was filled with curiosity to know more about Selena and the world she lived in. As an Anglo, I was thrilled with the music, the culture, and the vibrant energy that pulsed through Selena's world. I think every person who loves music and art should read this book. It is a song of triumph, of a life filled with love that transcended even the angel of death. If you want to read about how a determined and attractive woman struggled against all odds to reach the top, you must read "SELENA, THE LAST SONG". It will inspire you to better your own life and make you a better person."

- **Jeffrey Goodman,**
Inner Light Institute,
Sedona, Arizona

"I am proud to be a part of the Indian heritage of this woman. I loved all the clear and heartwarming pictures, and it made me want to tell the world about my culture and that of Spanish speaking people throughout the Americas. I hope that the death of Selena will inspire other Latinas to improve their lives and soar to new heights of success!"

Carlos Quispe Bernabe,
Peruvian Music Monthly

SELENA
The Last Song

The Life, Passion and Death of the Queen of Tejano Music

GERALDO RUIZ

el diario
BOOKS

El Diario Books,
A Latin Communications Group Inc. Company
143 Varick Street, New York, NY 10013

Copyright © 1995 by **El Diario Books Inc.**

ISBN: 1-887599-01-0

First El Diario Books printing May 1995

10 9 8 7 6 5 4 3 2 1

El Diario Books is a registered trademark of
El Diario Books Inc.

Cover Design: **CABE**

Printed in the U.S.A.

A few words from the Author

> *"We were very much alive, in the first bloom of youth, Women in garments of many colors, proud men adorned with intricate arrangements of feathers and leather, and the melodious sound of the children at play. We all laughed , sang and enjoyed the wonder of life, of delicious food, and the sound of joyous song. And then came the great change, the intrusion into our lives. The next day, I searched in vain for all of them amongst the silence of the dead."*
>
> *- As narrated by a survivor of the siege of Tenochtitlan*

All death is a tragedy, but especially the death of one so young and beautiful reminds us all of the fragility and the beauty of life. As a writer who must tell the story of Selena, I want this book to be a celebration of her life, not a somber "memento mori" of a heart that has ceased beating. I hope this work will inspire all people to remember how precious life should be. It should not be filled with petty jealousy and envy. Every day should remind one of the goodness of life, and the many people you meet along the path of life.

Yes, there will be some people who may want to do you harm, but these people should be forgiven. Most of your fellow travellers along the road of life will be good people, people with heart, and people who can be trusted as stalwart and caring friends.

I feel that Selena was such a friend to all of us. To those who may have had a hand in making her life success, to her fans, to her public, I dedicate this book. May the memory of Selena inspire everyone not to waste one minute of precious life. She will live forever through her songs.

I wish to thank the staff of El Diario Books for their tireless devotion to making this book a reality. I wish to thank my family for their loving support while I frantically tried to make sense of all the news that poured into my office. I wish to thank Alberto Montez, Peter Davidson, Carlos Ramirez, Edwin Jorge, Lola Concepcion, Jeffrey Goodman, Carlos Bernales, Fred Abrahams, Guillermo Lopez, Ana Villa, Garcia Sanchez, Isabella Luna, Nicolasa Villegas, Valerian Englentine, Anthony Perez, Montgomery Palmer Scott-Hill, and the many other who offered me their selfless support.

I especially would like to thank the family of Selena who helped us with their insightful comments, important changes and corrections and full-hearted support of this project.

I also dedicate this book to all the "La Raza" who keep the sound of Tejano music alive all over the Americas.

And lastly, I dedicate this book to the memory of Selena, I hope that her spirit and image remain long after the last song has been sung.....

Geraldo Ruiz
Los Angeles, California

SELENA

**LIFE IS PAIN,
BUT COMPASSION IS
WHAT GIVES IT THE POSSIBILITY
OF CONTINUING.**

The conquest of the fear of death is the recovery of life's joy. One can experience an unconditional affirmation of life only when one has accepted death, not as contrary to life but as an aspect of life. Life in its becoming is always shedding death, and on the point of death. The conquest of fear yields the courage of life. That is the cardinal initiation of every heroic adventure - fearlessness and achievement..

JOSEPH CAMPBELL, THE POWER OF MYTH

Fate has laid on each man as law
the unalterable efficacy
of his horoscope,
safeguarded by a casually
determined train of good and evil
in consequence
of which two deities,
fates servants,
born of themselves,
govern man's existence.
They are Hope and Chance
and through deceit
and coercion they make man
abide by the law.
The one is clear for all to see in the predeter-
mined outcome,
being now good and happy,
now dark and cruel.
Some she raises up
in order to cast them down;
others she casts down in order
to raise them
to more brilliant heights
Most she governs by such deception;
hoping, they believe, ...what they desire
and experience what they least expect.

Vettius Valens *(Second Century B.C.)*

INTRODUCTION

THE LAST SONG, is a book which lights one last candle in memory of a beloved soul, who in life had been an exceptional woman and an extraordinary human being.

Selena is the sweetest memory of our lives. A woman with unprecedented talent, an uncommon sensuality. A popular heroine who lived her life without fear, enjoying every moment. She lived without fear until the very end. She never expected to be as successful as she was. In life she gave her all, she lived it 100 percent. She gave 100 percent, which is why she will always live in the memories of her public.

Selena was a beacon snuffed out by fate. She only suffered at the very end. In life, she had achieved everything, talent, money, beauty, a united family and most of all... love.

But her destiny had it, that she would live a short life. She died shortly before her 24th birthday. Her life was full, but no one can prevent what fate has ordained. As the poem says: *"Some she raises up, in order to cast them down."*

In her art, she represented her people, those who had historically been marginalized and forgotten. She spoke for a culture that has suffered centuries of discrimination and racism. Her life will always be an example for those who remain and will live in the memories of the masses who stood on lines to see her perform. No one who saw her in her concerts, as the dynamic vocalist of the group "Los Dinos" will ever be the same.

Destiny has taken her from us, an inexplicable fate has robbed us of a golden voice and an inspiration for the future .

Her musical achievements were due to the unique interpretations, of her songs,...she sang as only Selena could sing, with a depth of feeling that reached out to her public. We are left with a sensation of absence and loss. Her

lyrics which often seemed to be messages of her coming departure, spoke of a withered flower that could only give love. We are left with just her songs, her photos, memories nd an aching sense of loss.

Her death evoked an outpouring of communal grief seldom if ever displayed before for an artist of such tender years. This was a woman rich in rare, heartfelt qualities that made her a special icon, not only to her own people, but to millions of strangers .

She was a woman who would break established norms, a typical Latin woman who, none-the-less destroyed many stereotypes. Young, successful, beautiful, she never considered turning her back on her roots.

Breaking new ground, Selena achieved successes in everything she attempted, even breaking into the impossible Hollywood market. She was a wife, who followed her husband with wisdom. She was a devoted daughter, who knew the importance of respect.

She was always proud of her roots and supported many causes which supported the needy. Her public, followed her, accepted her message. She sang to them and they listened. A woman of the people and for the people.

She was able to reach the highest heights in her professional career, she rose to be one of the best Latin music singers. Her energy and dedication were not always accompanied by good luck. Through her success she experienced much envy and malice, from many people, but mostly from one person who supposedly said she was Selena's greatest admirer.

That despicable woman will forever be condemned. Yolanda Saldivar carries with a weight of guilt that can never be forgiven. This treacherous vandal destroyed the life of a precious and rare orchid just at the moment it was about to burst into full bloom.

Selena had trusted Yolanda Saldivar, had shared confidences with her. What abysmal depths of envy and jealousy could have led this "FRIEND" to carry out her ghastly mission. Yolanda Saldivar not only committed an act of murder, but she also stole from us a very precious and beloved life that can never be restored.

After the tragic event that took Selena's life, the people of her home town, Corpus Christi, who had made Selena their special musical saint, began a vigil at the scene of that most vicious crime. This was the beginning of several weeks of expressions of the massive grief that was felt and shared by the simple people

of this south Texas town. Everywhere there were signs of their emotion, at the motel, at her parent's home, and most vividly, at the Corpus Christi convention center where Selena's lifeless body was honored by her public.

Every day brings a new theory or rumor about Yolanda Saldivar's motive. What possessed her to kill her friend and mentor, this cherished rose of the people? The popular media have distorted the facts and some people have taken advantage of the situation for their own benefit.

But, what about the people of Texas? What do they feel? How has this tragedy affected their lives?

It is most important to make mention of the martyred Quintanilla Family, which was Selena's most cherished possession... her roots, her center.... and the love of her life, her husband Chris who has been despondent ever since the tragedy.

This book will treat the facts as objectively as possible, but there is one thing that is not objective, it is emotional, from the heart and that is that...Selena...WE WILL MISS YOU!

Oh how her passing diminishes us all...

CHAPTER 1

Next to the sign at the Day's Inn motel where she was killed, zealous hands had put up a poster saying "Selena, we will miss you.". Her fans, with tears in their eyes, in utter disbelief of what had just happened to their idol, almost as if she was still with us, left messages to her, some written in pen or pencil, some even in lipstick, on the walls next to room 158, the room where Selena was wounded by the first bullet in her arm.

No one could believe that the assassin would turn out to be Yolanda Saldivar, loyal employee and president of Selena's fan club. According to the Police Department of the State of Texas, Yolanda had purchased the murder weapon on the 18th of March.

A DREAM COME TRUE

Selena's world seemed to be a perfect world. Selena remembered that while other girls her age would be busy thinking about homework, boys and parties, her time was occupied traveling from one city to the next, always performing on a different stage.

According to her parents, she was an excellent student. She did so well in school that she had no problem leaving in eighth grade and receiving her high school degree through the mail.

"I did not experience my adolescence. I didn't even have time to have boyfriends, or go out for walks on Sundays to the park or in town. But I didn't miss it. I was very happy because I was doing what I really wanted. I wanted to perform."

Selena repeated this declaration many times on the innumerable occasions she was

interviewed. This showed her incredible dedication and how much she sacrificed in her own life for her career, as if on a mission. A career which demanded great sacrifices including giving up a fun-filled childhood, that transcendental stage of life so important in the formation of every human being.

Selena was gifted with a talent that very few have been blessed with. Often, those who are given such abilities never learn how to channel them as expertly as she did. She never consciously aspired to be a super star. But, in retrospect, with her family's help and support she was able to achieved everything she may ever have dared have dreamed of.

WHY SO MANY TEARS?

Selena's presence was often perceived as an unforgettable image that would remain in one's memory eternally after seeing her.

CHAPTER 2

THE EFFECT OF SELENA'S DEATH
ON THE WORLD

THE REACTION TO UNTIMELY DEATH OF Selena has been sincere and heartfelt. First there was disbelief, then tears and then an unfocussed anger over this insufferable loss.

This reaction can be explained by the fact that the singer coexisted in three spheres,

three worlds, three popular cultures, three simultaneous experiences; Mexican, American and Texan.

HER FANS

Among those who felt the pain were her admirers, the people who went to her concerts and always bought her records. Those that filled the Astrodome in Houston to enjoy her talents on numerous memorable occasions. She had an enormous following which would appear en mass for her frequent concerts in Southwest venues such as, Dallas, Austin, San Antonio, Corpus Christi, El Paso,...

Secondly, Selena had a huge number of exuberant fans living in Latin Countries outside of the United States; cities such as Ciudad Juarez, Chihuahua, Monterrey, Nuevo Leon and even as far as Mexico City as well as the rest of Latin America.

Selena's admirers, devastated by the senseless way in which she was killed, found it very difficult to understand or to explain why anyone would murder someone as young, talented gentle as Selena.

Throughout the Hispanic world, it was impressive and touching to see the anguish and feel the pain of so many devoted followers, upon learning of her loss.

THE PRESS

Everywhere, one could see the homemade shrines where you would find photos of the star, surrounded by white roses. The Anglo-American press asked, "Why was there such an excess of emotion shown by these millions of Hispanics?

Why this massive suffering, pain and mourning? ...and finally... Who was this Selena?" Some irreverently compared her to Madonna, with whom she had absolutely nothing in common. That's like comparing be like comparing tacos with hamburgers.

Others have noted the fact that she was unquestionably the queen of Tejano music. Hundreds of thousands of records were sold in a few days. All of the major record stores were sold out of Selena records throughout the country. Not one could be found in the mad rush to own even a small remembrance of their beautiful idol.

THE RECORD LABEL

The run on the record shops was absolutely without precedent. Telephones at her label rang incessantly with calls from all parts of the country asking for EMI - Capitol to send them, immediately, thousands of copies of cassettes, CD's or whatever they had of Selena's songs.

The people at EMI worked frantically to fill the demand, but they were helpless in the face of what amounted to a record panic. This left many followers running fruitlessly from store to store, looking for Selena's music.

The label bent over backwards in order not to appear to be profiting from the singers assassination.

A Press Release from her Mexican Distributor, EMI Mexico, read in part: "no record will be released. I don't want anyone to think that we are taking advantage of the moment, of the circumstance." said Mario Ruiz - a top executive - to the Mexican newspaper Heraldo de Mexico, shortly after the news of the death of the vocalist of "Los Dinos"

The star who had just been buried the day

before in Corpus Christi, Texas, had sold for the label, four million records during the five years of their artistic relationship and at the moment of her death - they were preparing her crossover album in English.

THE RECORD STORES

During a search among all the record stores in Mexico City, employees were amazed at, how upon the news of the artist's passing, the aficionados bought everyone of the few available records.

"La Feria Del Disco" and "Mercado de Discos" two of the major stores in Mexico City, who had until few weeks earlier distributed one of her last albums, the compilation of 12 Super Hits, lamented the suspension. It obviously was a great loss of sales for them.

Helplessly, the label did everything possible to satisfy the demands of her fans without appearing to be profiting from the tragedy. However, it would take months before the backlog was cleared up and her loyal fans were able to satisfy their need for mementos.

"No place in the world has this ever hap-

pened. Not even when John Lennon died, who also belonged to the same label." commented Aracely Zoreda, Record Sales manager, to the newspaper Reforma.

THE MEDIA

In the Mexican capitol, the principal radio stations which are dedicated to the kind of music Selena performed, played her music in constant remembrance, while the local newspapers dedicated large articles detailing the funeral. A typical article began:

"On Friday, March 31, millions of Latinos felt sick to their stomachs. Selena Quintanilla Perez, the female singing artist who had made Latinos shine even brighter, was cruelly assassinated."

All of the publications which covered the news, sold out like wild fire. Radio stations interrupted their regular programming to inform the public of the catastrophic occurrences and of subsequent events.

The drama continued to unfold as the major Hispanic television stations, transmitted an unprecedented 9 continuous hours of

footage from the scene of the crime. In was such an inconceivable event that nobody could grasp the reality of it. That made the constant coverage seemed even more surreal.

APRIL FOOLS DAY

It was a Friday, a day when the majority of the people arrive home to enjoy the weekend after a week of hard work. When they arrived home, many thought they were hearing a really bad joke, considering that the following day was April Fool's Day.

Not since the horrible assassination of President John F. Kennedy, had the state of Texas experienced such an emotional event It was devastating to a very large and important segment of the multi-racial Texas society.

Even though there was clearly no connection between the two events, other than that they happened in Texas, people somehow felt sad that both of these murders occurred in the same region of the United States.

The show of grief made people was nearly universal. Many went to the scene of the

crime in an effort to find answers, in search of some kind of remembrance to help them heal their pain.

Some children, to whom Selena was a special heroine, cried uncontrollably on the streets, not able to understand the meaning of the singer's death.

Selena was identified so strongly with her public that she had become their almost a family member and the sense of loss was often very personal. They identified with her and their common, shared race, culture, music, and now, again, tragedy!

A GREAT EMPTINESS

The effect of her death on those who admired her in life, was of a great feeling of emptiness and irreparable loss. Selena has left a great hurt- a pain for all that followed her closely on her artistic trajectory. And for those who did not know her, they too shared the same sensation of grief.

Nobody has the right to take life away from any human being, but, in some way the repugnant Yolanda Saldivar may have felt she

had a right to do so. This event, and the frustration and desolation felt by thousands of fans, was completely unexpected. Many people wanted revenge for the death of the super star, that angel that aided all Hispanics with the problems they have experienced - racism, discrimination, among many others.

Selena gave us a lesson about life, that one can achieve anything through dedication, discipline, and desire to reach the highest mountain.

It was deep and authentic sorrow, the death of this beautiful Selena. People magazine published some sensitive articles just one week after the death of Selena.

The front page was dedicated to her with a cover photo of the singer in southwestern market, and another that showed the cast of the television show "All about Friends" for those Anglos who did not recognize her name.

The editorial success and increased sales of the People magazine dedicated to Selena, prompted the printing of another issue that was devoted entirely and exclusively to Selena with an ambitious national distribution campaign (As a footnote to her death, this

shows just how important the Hispanic community has become as a market in America).

This is a great honor when you realize how few people have achieved this distinction in the 24 years of the magazines existence, almost the same age as Selena before she died. People magazine was surprised and delighted with the huge and instantaneous sale of the issues featuring Selena. In death, Selena seems to have demonstrated just how important the Hispanic community really is. She has made another important contribution, posthumously.

CHAPTER 3

WHAT MADE HER SO SPECIAL

A CAPTIVATING VOICE

Musically speaking, Selena was an extremely versatile performer. Her voice had as wide a dynamic range as singers as extraordinary as Whitney Houston or Arethra Franklin. Her enormous abilities allowed for

performances which ran the scope of musical genres. With effortless and agile delivery, she could perform in a musical spectrum that included ballads, cumbias, Norteños, Rhythm and Blues and even house music.

Her unique style separated her from all other performers. She was clearly destined to become an important "crossover" talent, a singer who would bring new respect to Latin music in ways similar to what Linda Ronstadt is beginning to accomplish.

The strength of her voice was able to break through established (and artificial) musical boundaries. She nearly achieved mainstream status while singing a genre of music that had previously been limited only to Texas and northern Mexico.

In addition, this Tex-Mex music, before Selena, was mostly (if not exclusively) male dominated. She was one of few, if not the only, women to reach a glorious status of superstar in her chosen idiom, and to expand and expose it to people who other wise would not even have know of its" existence.

A BEAUTIFUL AND EXOTIC WOMAN

Selena represented the ideal Latin women in every sense of the word. She had an incredible dusky-skinned beauty and a sensuality that was without equal.

Her figure was unforgettable and combined with her immense talent, she made a lasting impression on both men who desired her and on women who admired her. There are few examples of women who can challenge the WASP standards of beauty (tall, skinny, blonde and fair) and, and with supreme self-confidence, use their own unique, and just as beautiful, image.

PROUD OF BEING LATINA

Proud of her people and of her race, she had to learn to speak Spanish, the language of her parents. She never had to dye her hair blonde, nor change any physical characteristics in an effort to be just like everyone else.

This usually happens in Hispanic media in the United States and Mexico, where the true Mexican identity is never promoted. The accepted norm is to fit the established profile

of a Latina: someone who does not look one bit Indian or Black. But Selena was proud of her mixed and illustrious heritage.

SELENA:
A VERY SPECIAL LITTLE GIRL

When Selena was a child, she had to fight against racism, with her only weapon her sharp wit and charm.   She tried to ignore those who were prejudiced against Latinos and Blacks just because they were different.

She spent her time concentrating on her own career, she realized early on that this would the best way to break down the racial and ethnic barriers.   She was able to accomplish this s because she had such strength of character and self-confidence..

Even though Selena was the youngest daughter, she served as the spine of the family, the glue that kept it together.   In her group, Los Dinos, she was not just the figurehead, the one out front.   Without her, the group practically did not exist.

Of course, she never took advantage of this situation, rather she understood, all too clearly, that this job- her job, was one that required

team work and unity. She has become an out-standing example of important values that are becoming all too rare in our modern society. Perhaps one of her most important messages was to increase respect for those time tested traditional values that were the rock on which she built her life and her career.

DIFFICULT TIMES IN THE FAMILY
THEIR UNITY OVERCOMES THEM

There were many times when the family had to fight hard just to survive. The early years were very tough. Often they would not know from day to day where their next meal would come from.

Selena's father Abraham Quintanilla had a passion for music. Don Abraham, as his friends call him, wanted to continue the dream he had worked for when he was just a youth in the late '50's. He wanted to bring his musical group, LOS DINOS, back to life.

Little could he imagine, that, years later, his dream would be realized through his family, in particular, through his youngest daughter. That would happened at a particularly difficult time. The restaurant he owned failed and almost left

the family homeless and on the street.

That was when he renewed his never forgotten ambition, to pursue his musical dream. It was our star and her magic which gave him the confidence and the inspiration to start a second generation of Los Dinos.

The band demanded much time, effort and sacrifice. The entire family contributed towards the realization of this grand scheme. Fortunately for them, and for us all, this was a family that was solidly united and which formed the solid base enabled Selena to become the star she was clearly destined to become.

SELENA - THE VERSATILE WOMAN

Selena possessed an enormous reserve of energy. She was one of those rare people who had to be busy at all times. This boundless energy was what enabled her, not only to pursue her music, but also allowed her to become a successful business woman in her own right.

Negotiating and conducting business was another thing that she had a natural talent for. When she was not performing, she took care

of her business - doing everything from designing costumes to balancing the books.

Selena also opened two stores in her native state of Texas where she offered her own designs to the public. She planned on expanding, by opening stores in other cities in the United States, Mexico and Puerto Rico.

"For me music is my profession, and fashion is my life."

It was in her clothing store that the Quintanilla family got its' first hints of the fraud that may have led to Selena's death. Yolanda Saldivar, the president of Selena's fan club, was suspected of embezzling perhaps hundreds of thousands form this family enterprise. Paradoxically, it may turn out that Selena, in one sense, gave her life for her fashion.

SELENA AND HER SUPPORT OF EDUCATIONAL CAUSES

Another thing that made Selena so special was when she promoted the **"Week of American Education"**.

She gave so much of her money and her

time to noble charitable causes that were important to her. She was an ardent activist in support of Hispanic rights. Among the many causes she promoted, she was an active participant in campaigns in which she worked to better the educational system in the United States for her people.

In addition, she acted as a spokesperson for education, in an effort to motivate Mexican American students to stay in school.

Specifically, Selena participated in the Week of American Education and created an educational video called "My Music" which was shown at a conference at The Cunningham Middle School on November 14, 1994 in Corpus Christi.

This video celebrates the importance of music, dance and Latin American culture.

"This video 'My Music' inspired children to stay in school." Selena commented on the video which was distributed though out California and Texas.

At this conference, more than 200 students in the school were able to see the video. The Mayor of Corpus Christi, Mary Rhodes, honored Selena with an award for her efforts in

supporting Education. It began: *"Agree with Selena and Stay in School..."*

Her message was clear and will help many thousands of children to find the resources to stay in school and to avoid dropping out.

A TRUE TEJANA

Selena thought of herself as a Tejana singer and was greatly angered by the lack of airplay given to Tex-Mex music. *"I am proud that people see me as a pure Tejana, because I am."*, she declared in her last interview.

Our superstar knew, all too well, how to represent her native land, Texas; "Chicanos are a minority and we suffer from a lot of prejudice towards us from anglos, because they think we are inferiors."

With her music she made the Lone Star State shine brighter. She made the rest of the United States take a closer look at Texas' inhabitants and all they had to offer. *"I don't think there will ever be a Texan woman as popular as her."* commented Maria Rivas, a family neighbor.

FRIEND OF HER PUBLIC
AND OF THE PEOPLE

Even though she won many awards of great importance, Selena always had the time and a smile for her public - which had so fervently supported her career.

She would say "Artist's owe their public, because it is the public which has made us artists what we are." She was not afraid of people either, and when she was able to , she would go to the mall, unaccompanied without body guards.

She would go out without a speck of make-up totally natural. And she would visit her friends and family without a thought about other people's malice.

EVERYONE LOVED HER

For those lucky enough to have seen Selena perform live in concert, they all were witness of the positive energy she emitted and the love she and her group exuded.

A fervent admirer said *"It is worth the price of the ticket to see my girlfriend Selena, because to her music I dance, sing and I even*

cry. She reminds me of my girlfriend that left me, hopefully one day Selena will pay me attention."

SELENA A SUPER SEXY WOMAN

Selena provoked the most insinuating comments and she was considered a sex symbol. Even though the superstar was aware of these commentaries, what she most wanted was to be recognized for her talent and not for her body.

She liked to present herself in an impeccable fashion to her fans and she always gave her best in all her performances. "I like to always be beautiful for my public."

Her charm was so powerful that she regularly succeeded in uniting as many 60,000 people, fortunate enough to enrich their lives by experiencing Selena's unique art. These enormous audiences, have until recent years, only been achieved by rock and pop stars.

THE QUEEN OF CHILDREN

Her magnetism was also great and children

had a very special love for her. She remembered: *"One day, a little boy, told me he was saving his money for the day I leave Chris my husband. Then, he said, I could marry him (the little boy). Children are so adorable. I love them very much."*

She dreamed of having many children with her husband, and we are sure that she would have given the best of herself as a woman and as a mother. Because she was a wonderful human being.

What else could make this unequaled, incomparable woman special? A woman full of talent and so proud of being alive.

Stars belong to the heavens, far off in infinity her eternal light will always shine. To many millions Selena was and will always be very special.

CHAPTER 4

BREAKING DOWN STEREOTYPES

THE GREAT ARTIST

As a woman and an artist, Selena, constantly broke through tradition and established new norms. For example, in Tex-Mex music, it was very unusual for women to be singers. She remembered her youth; "The owners of the clubs in Texas, would not allow us to perform so easily. They gave us excuses saying

that I was very young." When she was only fif-
teen years old, she started harvesting may
claims to fame and began breaking records.

During her career she amassed 22 "Tejano
Music awards". She signed an important con-
tract with EMI Latin and she recorded five
successful albums which achieved incredible
sales. She was awarded many Platinum and
Gold records in the United States, Mexico and
other countries. She was nominated twice for
the Grammy and in 1994 she won that highest
accolade of her peers.

Among her many accomplishments are:

1987 *Vocalist of the year*

TEJANO MUSIC AWARDS

1988 *22 TEJANO MUSIC AWARDS*

1989 *SHE SIGNED AN IMPORTANT CON-
TRACT WITH EMI LATIN AND RECORDS
"SELENA Y LOS DINOS"*

1990 *RECORDS:*

   "SELENA...VEN CONMIGO"

1992 *RECORDS "ENTRE A MI MUNDO*

1993 *RECORDS "SELENA LIVE"*

1993 *WINS THE FOLLOWING*

LO NUESTRO BILLBOARD AWARDS.

- REGIONAL MEXICAN

- FEMALE SINGER OF THE YEAR

- SONG OF THE YEAR

- ALBUM OF THE YEAR "SELENA LIVE"

1993 *GRAMMY AWARD*

BEST MEXICAN AMERICAN ALBUM

1994 *AMOR PROHIBIDO*

RECORD WENT GOLD AND

THEN PLATINUM

1994 *NOMINATED FOR THE GRAMMY*

BEST REGIONAL MEXICAN ALBUM

1995 Three "Lo Nuestro"

Billboard Awards

- **Best regional Mexican**

- **Best vocalist regional Mexican**

- **Best "Pop" Album**

"Amor Prohibido"

THE QUEEN OF POPULAR MUSIC

Selena gave Tejano music, a new meaning, adding elements from Tropical, to ranchero, Norteña, conjunto, Tex-Mex and other contemporary musioc styles. She was able to give her genre of music an unprecedented importance which had previously been considered second class (especially in Mexico) With her simple and honest song, which spoke to and for the people, she was able to conquer many hearts.

REJECTED BY MEXICAN TELEVISION

A major Mexican network, whom many accuse of racism in Mexico, became aware of her success. The directors of the network realized that by presenting this genre of music, so popular among the masses, they could continue to gain more viewers.

Selena always had a dream of going to the land where her ancestors had come from... and to return there triumphantly. A leading television personality publicly questioned the appearance of the incomparable singer on his

appearance of the incomparable singer on his program. This was acknowledged in many newspapers and magazines.

According to him *"She does not fulfill various requirements. This way he was able to fool his public that Mexican women have dyed blond hair and plastic surgery. "If they are blonde and light skinned, the audience will applaud louder."*

Her identification with the people and the magical communion she established with her public were entirely sincere and nobody could destroy it easily.

A GOLD MINE

Very quickly, Mexican television became aware of their great mistake, they realized that they were letting a gold mine slip through their fingers. They offered her a role in one of their soap operas, "DOS MUJERES, UN CAMINO (TWO WOMEN, ONE DESTINY), where she put to shame the bleached blonde actress Laura Leon and the silicone girl Biby Gaytan.

She showed all of Mexico the depth of her

natural talents and beauty and established that nothing about her was fake. She helped raise the television ratings of the series, which had been plunging.

With Selena in the cast, this television series gained enormous popularity.

HOLLYWOOD

Her acting abilities also enabled her to conquer other markets. It was apparent that, in Hollywood she had a brilliant future. In the movie "Don Juan de Marco", starring Johnny Depp, Marlon Brando and Faye Dunaway, she was had her first major feature film role.

Even though it was a small part, her character was essential to the story and she shone as the singer of Mariachi music. After this movie came out, she was offered various roles. Unfortunately, she was killed shortly after the release of the movie.

Marlon Brando himself said of Selena *"She is a very special and very beautiful girl. She has a gift."*

MILLIONAIRE AT NINETEEN

Selena achieved success in every area of her life. She liked to break senseless and established traditions and stereotypes. She always channeled her positive energy on the path to success.

She filled huge stadiums in all parts of the United States, not just the southwest. Even in New York, a a place that tends to reserved it's taste in Latin music to Salsa, she was extraordinarily successful.

When just nineteen years old, she became a happy little millionaire. At her untimely demise, her net worth was over Five Million Dollars.

THE ENVY OF OTHERS

As happens in the artistic arena, her success caused a lot of envy. This was most evident when the Mexican singer Yuri said "I am much better than Selena." Paulina Rubio, said that Selena was a "NACA" a derogatory word used to describe people of indigenous roots.

Those were just a few of the many comments that Selena had to deal with, people

constantly trying to knock down her success.

But none of this could stop her, not even the racism which she encountered all over. Not even the envy. She still kept harvesting new triumphs. She was a woman who really fought to break down boundaries.

CROSSOVER

Selena had many, many successes in Latin music and her popularity was unprecedented. Each record she produced in her meteor like career, made her more and more famous. She always projected her ability to be a "Crossover" artist.

She would be among the few artists in the Latin music field who could successfully introduce her music to the Anglo market. She had recently signed with the record company SBK a sister company to EMI records.

At the moment of her unfortunate departure, Selena had recorded four songs for her first English album. The idea was to finish the album in the beginning of May and to release it to the public in the summer. She was very excited about this project.

"I respect and admire Gloria Estefan very much, because she was the first to totally open the doors for Latinos. Before Gloria Estefan's success, it was very difficult for Hispanics to enter the English speaking market. Gloria is a world known artist, I admire her very much."

The musical style of these songs recorded in English is more contemporary, more American, and the demonstrated that Selena was capable of singing in any style ranging from Frank Sinatra to Ella Fitzgerald.

CHAPTER 5

COLLABORATIONS

She was a truly versatile artist and she loved performing duets with other great artists who had already become established in their own genres, such as; Emilio Navaira with whom she sang "Tu Robaste Mi Corazón (You Stole My Heart)" and with the Salvadoran singer/songwriter Alvaro Torres with whom she sang "Buenos Amigos (Good Friends)".

Her participation with the Puerto Rican group, **The Barrio Boyzz** of New York. was very special. With them she sang the very popular song **"Donde Quieras Que Estes"** (Where Ever You May Be). This song was a huge success.

The combination of the two groups established a unity between these two extremes of the United States, North and South.

Since the majority of Latinos in New York are from Puerto Rico (Nuyorican) and those from Texas are Mexican (Tejanos), this collaboration gave an opportunity for both sides to get to know each other. Since Selena's participation with the **Barrio Boyzz**, she had become much more famous in the North of the United States.

The same thing happened to the **Barrio Boyzz** in the Southern states. What a great idea EMI had, (both groups belonged to the same label). They were able to promote two new stars with one disc.

A SPECIAL CHARACTER

Selena was not a typical child. Since she

was a little girl, one could tell how special she was. She was very self-confident. She started making her own decisions since she was very young. When the rest of her friends were playing with dolls, she was with the boys playing soccer.

She learned to be aggressive and dominant. These were terms she chose to describe herself. She would say *"I have to be a strong woman, aggressive and dominant, in order not to be taken advantage of. I had to learn to fight to get what I want, what I deserve and what the group deserves."*

When she started her profession, it was a continuos battle trying to convince the Machista Promoters that a woman could be talented and attract a public.

Selena had a lot to do with the advancement of the modern version of Tejano music. In an era when the majority of Second and Third generation Latinos were losing their ability to speak in Spanish, Selena and her contemporaries promoted speaking in Spanish, making people proud to learn how to speak it again.

CHAPTER 6

TEXAN - TEJANO
SAME STATE- DIFFERENT STATE
OF MIND

TEXAS IS THE LARGEST OF ALL OF THE United States. The physical landscape is diverse. Although it is densely populated, it is filled with long stretches of deserts and mountains. It was in these mountains, in the

south of Texas - near the present day border of Mexico, that the great Indian warrior, Geronimo, successfully hid for months at a time.

Texans from the various regions differ from one another. A northern Texan differs from a Central Texan, and they both differ from border town Texans.

Although Tejanos (Texans of Mexican ancestry) share many attributes with Texans, their personality is quite distinctive.

They don't necessarily relate to being Mexican or to being American, they relate to being Tejano. That doesn't mean that they are not proud of their Mexican roots or of being American.

Quite the contrary. What it does mean, is that they have successfully integrated being both into one cultural personality,...TEJANO.

Tejanos have been able to combine aspects of the two cultures they represent. They have maintained aspects of Mexican culture, which are prominent in present day Mexico as well;

Family is of the utmost importance. Each member has his or her designated role and

Mother and Father are the king and queen in the family royalty.

Tejanos, for the most part, are Catholics, as in Mexico, and some have retained certain practices from their Indian ancestors. The important holidays celebrated in Mexico, are also celebrated by Tejanos, such as **"El Día de los Muertos"** (Day of the Dead), 5 de Mayo and the like.

Food and music are both central to their lives. Both are heavily influenced by Mexican and American traditions, with a strong emphasis on Mexican.

Tejanos are very proud of being American. They have a strong work ethic and pursue the social standards of contemporary American society. For example, what is popular in American culture is also popular among Tejanos; movies, video games, music, celebrities,...

TEJANOS

Tejanos are the true natives of the state of Texas. Their great grandparent's grandparents were born and lived in Texas when it was

part of Mexico. Their roots in Texas are centuries old. Some can even relate stories passed down from their relatives of the time when Texas was captured and made a part of the United States.

It must have been very strange, to one day be Mexican and the next American. The descendants of these original Texans, are very attached and loyal to their land.

Tejanos are of a strong stock, having among their ancestors the Apaches and Chimichecas. These were the only two Indian tribes in Mexico, of the 1500's, that were not conquered by the Aztecs.

Because of the proximity of Texas to the Mexican border, the inhabitants of the Lone Star Ste, have been able to take advantages of the benefits of their south of the border neighbor, Mexico.

It is quite common for people to take day trips and enjoy wonderful food and the culture Mexico has to offer.

On the down side of border living, some people have taken advantage to the easy access to smuggling products from one side of the border to the other. Although this occurs,

the majority of Tejanos have contributed very positively, celebrating their ties to Mexico.

As in Mexico, Texas tends to be a conservative culture. It is still quite common to find traditional family standards. Men tend to be dominant and women are key to keeping the family together. Selena, as a strong, independent female, was very comfortable in the role of a woman who stands by her man.

GUNS

Tejanos are fighters and survivors. They are cowboys with a tradition and they fight for what is their own. In the state of Texas, there is a long history of fighting for survival.

Many battles took place in Texas; between Indian tribes, between Spaniards and Mexicans, between Indians and Americans and between Americans and Mexicans.

Because of the physical layout of Texas (widespread) and the strong sense of survival and protection among Tejanos (and Texans), it is very common for the majority of the people to own and carry guns.

Carrying a gun is both a response to con-

temporary society and a long standing tradition, which has served many purposes.

The majority of people living in Texas, has at one point had a gun in their hands and knows how to handle them.

Owning a rifle in Texas is as typical as owning a T.V. Many, many Texans hunt. Most hunt as a hobby, but they also hunt for food. Game is in abundance and among the favorites are pheasants, rabbits, and rattle snakes.

Unfortunately, we now live in a time where protecting ourselves and our families is considered our responsibility.

Many feel that crime and violence has gotten out of hand and so they no longer feel that can count on the police and other authorities.

Purchasing a gun is extremely simple. Although, gun laws have become stricter - in Texas, where there is a will - there is a way.

It is much less common for women to purchase and own guns, but the amount that do own guns is increasing .

MUSIC

Tejanos listen to all music, but they LOVE Mexican music. They listen to Mariachi, Ranchera, Musica Norteña, Cumbia, Baladas, Boleros, and Tropical. Tejano music is a combination of these styles with popular American music such as country, pop, dance hall and even rap.

Originally it was the music listened to by the parents. The radio stations and popular artists in this genre have taken an active role in marketing it to younger listeners, and now it is just as popular among Tejano youth.

One radio commentator in Texas was quoted as saying that he wanted to see the day when a young guy drives up to a cute girl and blaring out of the window of his car is the music of La Mafia and Selena. He says "It's proud, loud".

Tejano music is an essential element of Tejano culture. The dance halls fill to capacity regularly, with the vast variety of local Tejano bands. Tejano music has become the second most played format on Spanish language radio (second to regional Mexican). Interestingly enough, Tejano music, although

largely sung is Spanish is performed by musicians whose first language is English.

Tejano and Tex-Mex have been a category in the Grammies for quite some time.   Quite an accomplishment, considering that the Latin Jazz category was only established in 1995. There are various Tejano music conferences and festivals, which are attended by thousands and   generate enormous amounts of money.

Promoters of Tejano music make the majority of their money on ticket prices and merchandising.   Everyone leaves a concert with a t. shirt or a poster.

SELENA AS A TEJANA

Selena was extraordinarily proud of being a Tejana. She was proud of her Mexican roots and she made mention of that as often as possible. All of the elements of the culture she lived in created who she was. But it was her strength of character that made her an individual.   If she was opposed to something, she would not do it.

Nobody could make her change her mind.

She was hard headed and knew what she wanted. She had an energy and a determination, that would allow her to accomplish anything without feeling restricted.

As a Tejana woman, she was raised with various imposed social restrictions. But she picked and chose those which she would live by. For example: she chose to be the kind of wife who allowed her husband to make decisions for them as a couple.

This did not come from a learned attitude of submissiveness, but rather from haven chosen a partner who considers himself an equal to her and respects her opinions.

ROLE MODEL

This was the first time in Texan history when a home girl of Mexican heritage gained such overwhelming popularity. All young Tejanas wanted to emulate her (and still do). She was gorgeous, confident and naturally talented.

Not only was she strikingly beautiful, but she was a strikingly beautiful brown-skinned Tejana woman.

Selena sent a message out to the world with her attitude. That message was *"I am, who I am. What you see is real, 100%."*

Selena was the following:

Woman-Opinionated

Friend-Mexican

Singer

Wife

Teacher

American

Sexy

Daughter

Business-Woman

Tejana-Strong

Sister

Honest

Cross-Over

She was able to be all in one and nobody could take it away from her, not in life anyway. Her honesty and sincerity was something anyone would strive for. She had it all. Beauty

and talent and the security of self to be able to handle it.

She was so absolutely approachable, that there appeared to be no mystery to her and hence she experienced honesty in return from her public.

This is all not to say, that she did not experience ENVY. This is natural and the hazard of the trade, especially for those who become rich and famous.

That envy, in the long run, was probably what killed her, but it never destroyed her. She gave everyone the benefit of the doubt and always approached her friends and public with honesty and love.   This was even more reason to love her, to want to be like her. She even loved those that envied her.

CHAPTER 7

THE FAMILY
POTENTIAL PROBLEMS OF FAME

A singular characteristic with which to define the Quintanilla Perez family was unity.

Much is said of the scandals that surround famous families. Unfortunately much information has reached the public of rather horrid family situations. The Jackson family was one who entered the world of fame while the chil-

dren were still quite young.

From those roots, was launched the super star singer, Michael Jackson. After an endless chain of successes, by Michael, extremely disturbing declarations are made by his sister Latoya Jackson, which include a history of physical and psychological and even sexual abuse from their father.

Apparently he was extremely strict and beatings were quite common.

This gave the world a glimpse into the dark and dirty side of stardom.

We remember the '40's, the era of the great actress Joan Crawford. With all her glory and fame, her daughter reveals in the best selling book of a decade ago, "Mommy Dearest", of the life she spent with her mother enduring constant abuse, insults and beatings.

Just two years ago, the father (the Spaniard, Luisito Rey) of the now millionaire singer, Luis Miguel, passed away. It has come to light that he died poor and abandoned now that his son, Luis Miguel, had not had any recent contact with him.

This was due to the fact that when the

singer was growing up, he was subject to constant physical abuses by his father and it has even been rumored that his father misused Luis's money when he first became famous. This situation made the relationship impossible for Luis Miguel to bear.

At all levels of life, including politics, have there been stories of abuse.

FAMILY SUPPORT

Even though there have been those who have tried to prove abuse in the Quintanilla household, it has been to no avail, there is no evidence what so ever of this. Actually, it has been totally the opposite.

Selena remembered during a television program, that her father was a just father with her and her brother and sister, and he never was overly tough.

And, she said, had he been, children have no right judging their parents.

Even though Selena's father had always been the force behind Selena's career, the singer's mother, also played a very important role her development. She would take care of

all her needs during her performances and to the extent that she could, she would support her daughter.

AN EXEMPLARY FAMILY

Selena made constant mention of the importance of family unity. She felt lucky because she knew that, in this day and age, it is sometimes the exception and not the rule for a family to support each other the way hers did.

The deep respect and alliance to family is something that was passed down to her from centuries of strong family ties.

Her father was extremely responsible for the feelings, shared by the Quintanilla's and Los Dino's, of the importance of sticking together. The family functioned as a unit and the band functioned as a unit. It was one of the reasons for their great success.

They all understood that one was dependent and responsible for the other. Without one member, the whole did not exist. This again is the tragedy connected with this death. Selena was an integral part of everything the family and the group did.

Through the musical group, Los Dinos, they were able to bring food to the table, during the difficult moments for the family. Coming from a traditional Tejano family, they always strived to maintain unity. Discipline and organization were an essential outline for the family.

In the group there would be new members who always conformed to the image the family projected.

FAMILY BUSINESS

Chris Perez, came to the family as Selena's husband but he had already been the group's guitarist and composer, her brother Abraham III played bass, took care of contracts, the administration of the band, wrote, arranged and produced all of Selena's material. Suzette Michelle, her sister, plays drums and took care of all promotional sales for Selena and the group. Marcie, the mother would bring the "food and sustenance for the family", serving them sandwiches she would warm up on the microwave on their tour bus. When was the one who would nurture them with a great sense of humor, alleviating the tensions caused by long tours.

SELENA AND THE LOVE
OF HER LIFE,

HOW MUCH I LOVE YOU

If I was to love you more, I would tell you,
that my soul is moved by pain
as it is moved when spring sings,
as it fills itself with passion and melancholy.

If the breast, in an effort to yell
is rough as burlap,
how I would love you more and more,
like the tranquillity of a flowing spring.

An outline of your words , encircle
the thought which drowns in pain,
*   and wishes for the candor of the moon*
*   to illuminate the waves over the sand.*

More and more I wish to convince you
that I do not need to tell you of my love,
Since without your love I am inert
and it remains in my two extended hands
                    Sara G. Hervis
                    Veracruz, Mexico

Selena had the dream of having her own family. "Having children is a dream on all woman, it is the most sacred, it is something I hope to fulfill in the future." But that future never came.

She married Christobal Perez, Chris, in 1992. "Artists are not invulnerable to love, that is why I married the man I love,"

Because of the constant work of the group, it was very seldom that they could enjoy their time together. Close friends would say that the couple respected and supported each other mutually.

But mostly they loved each other immensely. Something which is very hard to find in the artistic environment.

Without a doubt, Chris, as Selena affectionately called him, was the great love of the beautiful and genuine singer.

A DESOLATE FAMILY

The panorama for the Quintanilla family is totally desolate, now that Selena is no longer with them. She was the youngest of the family, the sister, wife and friend and the spine

which maintained and lifted them to great heights, in the name of the family.

She never imagined herself as a soloist, even if it was a way to become more commercial. Selena would always accompany Los Dinos. She understood all too well, that the awards, the acknowledgments and the applause was all due to her family.

"At first our name was Selena & Los Dinos," the reason they decided to use her name singularly is that they knew that it would stick in the minds of the public, if it was shorter and easier to pronounce, especially in the American market. It is easy to say even if one does not speak Spanish.

In Mexico, they continue using the name Selena and Los Dinos. "We are a group and we are not worried about details which really are of no consequence.".

The group consisted of 7 in total, Abraham Quintanilla II - her brother, her sister Suzette, her husband Chris Perez, the vocalist Pedro Astudillo and two keyboard players, ; Ricardo Vela and Jose Ojeda. 'We treat each other like brothers and sisters", Selena mentioned in one of her last interviews.

CHAPTER 8

THEORIES ON HER ASSASSINATION

WHY DID SHE GO TO THE MOTEL ALONE?

Many people feel that if Selena had not gone alone to that motel, where she had to meet her assassin, the tragic crime would have never occurred.

The reason why she went alone to the motel, was that she had been at the recording studio which was only two blocks away form the motel. This is according to statements made by Abraham Quintanilla, Selena's father and manager.

Selena innocently went alone as she was told to by her assassin. There were some documents missing that the macabre woman had not given to Selena and Chris when they had gone to see her the night before.

Being so innocent, she never would have imagined that the devoted Yolanda would do her in.

Ambition, envy and bad faith, were the things that made Selena go alone to her death.

WAS SELENA A LESBIAN?

Immediately dirty thoughts and rumors were formulated that Selena might have been involved in a torrid romance with Yolanda Saldivar. These conclusions came from the nature of the facts, which reflected a crime of passion. Putting Selena's sexuality in question and in the open.

The theory was that Selena was breaking up with Yolanda, and Yolanda killed her in desperation.

This theory disappear when one remembers her comments during an interview. "I married Chris in 1992. Being married is very normal. People have to understand that an artist has a right to a private life, just like anybody else. My husband is very simple and very calm.

He is not jealous. That is very important for an artist. I love him, we love each other and we get along great as friends. Before being married, we are best friends.

I thank God for having him, a companion, a real friend, great personality, he has a really good heart. For him or for my family,. I would give my life."

Selena was a woman, who although had to sacrifice in order to achieve success, she received love and unity from her loved ones. She had a simple life, she never acted inappropriately, she never gave people a reason to talk about her.

She was, is and will always be, a whole woman - in every sense of the word. A human

being so beautiful that she only knew how to give love to others. All those who assumed she was a homosexual will suffocate on their lies.

A DESPERATE WOMAN

Yolanda Saldivar acted in desperation, because the evidence presented to her indicated that she had embezzled from Selena. She could never be able to deny this fact and faced jail.

The documents and bank statements showed that there were huge amounts of money missing. Facing the impossibility of proving her innocence and the thought of having to go to jail, blinded her with madness, She was faced with her obsession and her secret intentions.

Knowing that, Yolanda Saldivar had bought the murder weapon only weeks before doing the great artist in.

Desperation and the feeling of being caught, made this woman act hostile. Especially to Martin Gomez, assistant designer of the Selena clothing line, who declared "

Yolanda is behaving very rudely to the employees." Her terrible treatment of the employees resulted in Martin Gomez leave the company.

This desperate and crazy woman even thought that it was thanks to her that Selena had achieved such a glorious rise to fame.

CHAPTER 9

AN ASSASSIN'S OBSESSION

OBSESSED FANS

Being a public figure quite often implies an exposure to risk. There have been many celebrities who have been in dangerous situations because of the twisted minds of obsessed personalities. Unfortunately, many have ended in death. The admiration one feels for someone who is better or different than

ourselves is quite often the root of obsessive behavior. These unhealthy and at times homicidal fixations are quite often the result of envy.

The American actress, Jody Foster, suffered from the mania of an obsessed fan, He wanted desperately to possess her and even after serving time in jail, he continues to harass her.

Another well known case of obsession was with the Skating champions Nancy Kerrigan and Tanya Harding. Tanya sent an ex-boyfriend to the skating rink to break Nancy's legs. Tanya could not deal with the fact that her competition was as talented and pretty as Nancy.

Another obsessed fan, David Chapman, killed the famous singer/composer John Lennon, the former great star of the Beatles.

According to the killer, he pursued John Lennon because he was the person he most admired and he wanted to make him immortal.

David Chapman thought that by killing some one as well known as John Lennon, he would end up becoming famous as well.

Unfortunately this has become the truth, had Chapman never killed Lennon, no one would have ever heard of him.

A horrible obsession and conspiracy lead to the killing of ex president John F. Kennedy.

Up to now, we do not know of O.J. Simpson's guilt or innocence, but people close to the Simpson family have declared that he was a neurotic person, obsessed and very offensive towards his ex wife Nicole. Could Simpson's fixation of Nicole, lead to his killing his own wife?

Recently a young tennis player was knifed in the back while she was at a tournament. Apparently in an effort to keep her from winning, since her rival was the knifer's favorite.

Obsession is a compulsion with a fixed desire or an undesired feeling, these feelings are always worrisome.

YOLANDA SALDIVAR AN OBSESSED FAN

Every thing seemed to be rosy, four years before Selena's death, when Yolanda Saldivar entered her life.

Originally Selena and her family were a little skeptical of Yolanda's exuberance towards starting a fan club.

After various manipulations, the decrepit woman, won over the family's confidence. She was finally made the president of the Selena Fan Club.

Suddenly, this woman had become the personal assistant of the superstar, a job that should have been Selena's sisters.

Yolanda was so insidious that she ended up gaining the confidence of the entire family, so much so that she was entrusted with running Selena's clothing store.

This destructive woman's character was so strange, that she truly believed that everything that the star had achieved was due to her.

One of Yolanda's neighbors, Leticia Maldonado, impressed by her position in Selena's life, would ask Yolanda questions about Selena's life.

With an arrogant air she would say that she would say that she was Selena's manager and that thanks to her contacts she had made Selena famous. Thanks to her support, she

would say, Selena had achieved such great heights.

She projected a schizophrenic personality, when the Quintanilla family was present she was the image of niceness, always smiling and helpful, when they were not around she was the despotic general bossing everyone around, eventually many employees left their jobs.

An employee of Selena's, who preferred maintaining his anonymity, wrote a letter to the magazine **Mundo Fantástico**, in which he describes the appalling, cruel and Machivelean behavior of Yolanda Saldivar.

This same employee, explained why this disagreeable woman was at the head of Selena's business, Selena who was so good and generous with her employees.

"Yolanda Saldivar forbid us from having any type of personal relationship with Selena. I knew she was capable of doing harm to her, all of us who worked for her felt the same, and we could have told people about her at any time. Many of us suspected that she had stolen money from the company." wrote the anonymous employee. *"With*

us she only showed her angry and aggressive side, but when Selena would show up she turned into a sweet dove." he continued in the letter, emphasizing her change in character once her victim would appear.

The author of the letter also referred to the way Saldivar would look at Selena's exuberant body. *"She would eat her up with her eyes."*

The main designer of the store, Martín Gómez, quit his job because he could not take Yolanda and her constant change of personality. He confirmed that the assassin was a totally different person when the Quintanilla family would arrive.

When he heard about Selena's murder, he was distraught, saying *"I warned them but they didn't want to believe. I knew she was bad."*

YOLANDA AND HER SHAMEFUL PAST

In a separate part of the letter, the employee insisted that there should be a thorough investigation into the dirty past of this reptile like woman.

Specifically during her years as a nurse, when the suspicion has arisen that she would take advantage of sick patients and have intimate relations with those unfortunate enough to fall into her slimy hands.

RIDICULOUS BAIL

It is very strange how little information has come out on this horrible assassination, very little if anything is known about what Yolanda said to the police while she was holding herself hostage in her red truck for nine hours after the murder.

Up to this time there have been no revelations about the motives for the crime which seem to be kept curiously secret:

Did the thought of Selena's happiness with Chris boil her blood?

What were Yolanda's real feelings for Selena?

Did she feel that once she was fired she would never again she the woman she adored?

Or was it that she felt a deep envy of the

artist's ability to have everything she wanted.

Yolanda Saldivar is currently in a State run prison and faces charges of first degree murder. Bail was set at a ridiculously low figure of $500,000 (five hundred thousand dollars).

It was actually set before her appearance at court. Yolanda Saldivar had the gumption to ask the judge to reduce her bail to ten thousand dollars.

Then what did she do with all of the embezzled money?

She still denies complicity in this matter.

The strangest thing about the media coverage is that so much attention is given to every detail about the O.J. Simpson trial, while the details of the trial of Yolanda Saldivar are completely kept quiet.

The damned obsession of this woman destroyed a figure which was admired by the masses, a complete artist who had a brilliant star in the musical arena. But she even destroyed herself, since she will eternally burdened by the guilt of killing the person she most loved and burying the hope of many human beings.

CHAPTER 10

WHITE ROSES

THE MURDER

Our beloved Selena died by gunshot on Friday, March 31, 1995 at 13:05 PM, after an undetermined altercation with Yolanda Saldivar, Selena's employee and president of her fan club. She was shot once in the shoulder in hotel room 158 of the Day's Inn Motel in Corpus Christi Texas.

With a bullet lodged in her, Selena ran out

of that cursed room yelling "Help, Yolanda is trying to kill me".

Hotel employees saw her stumble as she ran past the pool in an effort to reach the lobby and safety. No one could imagine the reality of what was occurring before their eyes. It was all happening so quickly, they could not even mentally process a way to save their Tejana Queen.

Approaching the lobby entrance Yolanda, with desperation and rage in her eyes, pointing her gun yelled a parting curse to the woman she owed her entire life to. The fatal bullet had entered Selena's right shoulder and traveled to her vital organs.

Apparently unaware she had been fatally shot, she continued running, using her last ounce of vital energy.

THE DEATH

It was in slow motion that Selena fell to the ground. The few witnesses were in utter disbelief, frozen unable to move. A hotel employee ripped his shirt off and tied it around Selena's shoulder trying, to no avail, to curtail

the insistent river of blood emerging without stop.

Quietly, naturally, as if nothing had just occurred, Yolanda Saldivar walked to her car and circled the hotel incessantly. A policeman was heard to comment that they thought Yolanda was trying to see if Selena was all right.

But that is the farthest thing from the truth. All though we do not know, at this point, if this murder was premeditated. We can assume that at the moment Yolanda fired she wanted Selena dead.

Why?, we can only speculate. Why would a woman who has given up her life to serve her idol, Selena, want to destroy the thing she lived for?

What made Yolanda Saldivar so incensed, so angry? What drove her to such a state of uncontrollable emotion? Leaving want to kill Selena Quintanilla Perez?

Selena, completely unconscious, on the floor of the Days Inn lobby in a pool of her own blood slowly bleeding to death. The hotel staff frantically trying to save her. No one knowing what to do.

The police arrived quickly followed by an ambulance. But it was too late. Selena had died from a massive loss of blood. No one knew what to do.

ABRAHAM & CHRIS

Abraham and Chris were at the recording studio two blocks away. They knew Selena had gone alone to see Yolanda. Neither one of them thought it was a good idea. After all, they had already had a meeting with her the day before. All they needed were the bank statements.

Why was Yolanda making it so difficult on them? They thought to themselves that they just wanted this to be over. It was so hard finding out that this woman they all trusted so much, had stolen money from them.

They had told her the day before that they had found out about her embezzling their funds. They had been warned, but they didn't want to believe it.

But Selena wanted to go alone. Maybe this would be a chance to find out the truth. And it would be the last time. After that day, they

would never have to deal with Yolanda Saldivar and her cheating ways. But, what a disappointment to them all. If you can't trust someone like Yolanda, who can you trust?

So Abraham and Chris waited patiently for Selena at the studio. They kept repeating to themselves, it's only two blocks away. They were anxious to get on with their lives and continue recording Selena's English Cross-Over album.

They had already finished four songs, and today they would be starting on the fifth.

As he waited, Abraham, Selena's father, wondered who Selena had inherited her stubbornness from. It was probably from him. She always insisted on doing things the way she wanted.

But she was so innocent. It amazed him that her early fame had not gone to her head. He had worked hard on that, making sure that all of his children knew that show business is a business like any other. You have to work just as hard, and at times harder.

He worried every day about her innocence. She would go to the mall, all alone, with out anyone to protect her. That was because

Selena really didn't understand how much of a star she was. And there are some really crazy people out there. You never know what someone will do.

THE PHONE RINGS

The phone rings, and Chris as innocent as Selena, reaches out for it, knowing it must be his wife. But he was wrong! What he heard was the worst news he could possibly imagine. His wife, the love of his life, had been shot and was taken to the hospital.

The phone rings, Mr. Abraham Quintanilla calls his devoted wife Marcella , their son A.B.. and daughter Suzette. *"Our Selena has been shot."*

The Quintanilla family arrived at the hospital and found their baby girl, dead. At the hands of a woman they all trusted.

NINE HOURS

For nine hours, Selena's assassin held herself captive in her red truck. It is still unknown what motivated her to keep the gun

that had just destroyed her idol's life, pointed directly to her own head for nine whole hours. She threatened suicide, becoming absolutely desperate upon hearing on the radio of the demise of Selena.

The authorities tried to reason with her. She would not listen. The gun never leaving her head. When one arm tired, she would hold the gun with the other. Nine hours straight with the gun at her head.

In an effort to communicate with her, the police threw a cellular phone into the truck. This became the only method of communication for them. But Yolanda would not come out.

Finally, she emerged, gun in hand. Yolanda Saldivar was arrested for killing Selena Quintanilla Perez.

THE REACTION

The word got out like wild fire. Hysteria reigned as rumors spread about the death of the superstar.

Immediately, death threats went out to the wife of Emilio Navaira, a fellow Tejano star,

considered Selena's biggest competition. Many assumed Mrs. Navaira was the assassin.

Cars caravaned around the city of Corpus Christi. Stopping at the boutique - Her boutique, at the house - Her house, at the hotel - the hotel of Her murder. Remembering, remembering - but it can't be true. Please don't let it be true.

Candle light vigils were instantly arranged through out the state of Texas. Thousands appeared. The emotion was boundless. There was a massive sense of having lost a best friend, a sister. Stereos blasted Selena's songs.

Messages were written to her anywhere possible, on walls on windshields: "Selena, rock the heavens, like you did the earth!".

Women with mascara running down their faces weeping as they sang their favorite Selena tune. Hysterical children feeling a loss as deep as if Selena had been family.

Everyone, in general, unable to function. No one could work. Salaries were lost as the masses tried to process the news of Selena's death.

For those who loved her, this news was a

shock. Enough of a shock to warrant therapy, the therapy one is given when a great loss has occurred. But the only therapy provided was her music. They wanted more music, they needed more music. It gave them strength. It made them remember. They heard her speak to them, only to them. As she sang to them, her last good-bye.

"If you could only see how much it hurt to lose your love.
With your good-bye, you take my heart.
I don't know if I could ever love again,
Because I gave you all the love,
I could possible give.

No one wanted to believe. The pain was too deep. Responding to the grief felt by Selena's public, the family allowed the coffin to be placed in the Corpus Christi Convention Center. There her mourners could come and pay their respects.

But, they didn't want to believe. Selena's adoring public refused to accept the truth. So the Quintanilla family opened the coffin . Selena's angelic beauty, there for all to see, reminded them once again of how great a loss her death was.

AROUND THE COUNTRY

The news swept just as fast in states where Selena was hardly known. Her face appeared on the cover of People magazine. A wonderful article, in celebration of Selena, appeared in the New York Times. After her death, everyone knew who Selena was. They felt the loss without having known her. It was uncontrollable. The love for Selena transcended mere knowledge.

THE FUNFRAL

The funeral was held on Monday, April 3, 1995. It was closed to the public. In attendance were 600 of Selena's friends, family and people whom she had worked with. Among those who came to pay their last respects were Vikki Carr, Emilio Navaira, The Barrio Boyzz, Johnny Canales and executives of EMI Latin.

Although the public was not able to attend the funeral itself, thousands came and stood by the outskirts, quietly remembering her. Each one came with a white rose, Selena's favorite flower. The first one to place a rose on her coffin was Selena's mother. By the

time all of the roses were placed, there were over 8,000.   It is still unknown what has happened to the roses.

Selena's mother was distraught, destroyed. Her body shivered as her son-in-law Chris, held her hand tightly, trying to lend her support. Chris could barely stand on his own two quivering legs. His body and soul consumed with grief, wishing he could just see her, touch her ... once again.

SELENA, REST IN PEACE

CHAPTER 11

POST MORTEM EXPLOITATION

When a star dies, they go straight to heaven. But here on earth, their popularity skyrockets and those in a position to get rich by it,... DO!!! This has been the case, across the board, in the arts.

FALLEN STARS

Painters die and their painting become valuable commodities. Van Gogh, for example died in poverty. After his death the price tag connected with his paintings have endless zeros (in the millions).

When other musical celebrities have died, the sales of their records reached incomparable heights. After the suicide of Kurt Cobain, sales of Nirvana records broke all previous records. The same happened with the sales of the Beatles and John Lennon records, after his death.

The resurgence of rock and it's fans has created post-mortem legends out of Richie Valens (La Bamba), Jimi Hendrix, Jim Morrison of the Doors, Freddy Mercury of Queen. Needless to say, sales of records by the above mentioned singers continue to be high.

To date, sales of **"AMOR PROHIBIDO"** after Selena's death are of approximately 1 million copies. This in addition to having four of Selena's songs simultaneously on the Billboard Top 10 Chart. All of this will probably assure Selena another nomination to the

Grammies. EMI must be smiling a macabre smile, watching those sales roll in.

Other sources of profits will include:

1) The Selena Clothing Line. Without a doubt, that second store in San Antonio will become a huge success. Already, the store in Corpus Christi has sold out on all of it's merchandise. Sources say that there will be various Selena clothing stores popping up through out the country.

Women everywhere will, now more than ever, want to emulate Selena's sexy and elegant style of dressing. Especially if the are original SELENA designs with the SELENA name tag.

2) T. Shirts Everyone has already purchased their SELENA T. shirt; bus drivers, grandmothers, school children, etc.

3) Posters, Post cards

4) Books, magazines, newspapers

5) Pirate Video's on her Concert Performances

COCA COLA

Before Selena's death, she had been contracted to be a sponsor for Pepsi's top rival-COCA COLA. Coke had high hopes of gaining international recognition of their product through the use of this beautiful young singer. Selena had already won the hearts of her Latino public in the United States and was gaining strong momentum throughout the rest of Latin America.

She would be their crossover spokesperson. She would soon rank in the financial spokesperson league of the likes of Michael Jackson and Patrick Ewing.

Well Coke has not lost hope. They are issuing a commemorative SELENA COKE BOTTLE, which will serve as a collector's item and will be marketed to Latino youth throughout the world.

In addition, there is talk of creating new commercials. The magic of modern technology allows for the manipulation of footage from previously recorded concerts and television programs to create the necessary images. They would also use music recorded on the movie Don Juan de Marcos. Coke appears to

have the intention of bringing Selena back to her beloved public,... with a message "Buy Coca Cola." Is this taking advantage of a mass need to see her again. in this day and age where we can bring people back from the dead with computer graphics and old footage. We can only imagine the huge rise in sales of Coca Cola when Selena's fans see her face again and hear her voice again.

WHERE WILL THE MONEY GO?

Many people will become rich from Selena's passing. The record company and their distributors will definitely profit in a big way. As will the merchandisers who are taking advantage of her popularity. And many more.

We hope, at least, that among those getting rich, is her family. Selena owes everything to her family and they deserve to reap the benefits. Probably, if Selena had been given the choice, she would have asked that a great percentage of the profits go to the educational projects she promoted so strongly.

CHAPTER 12

THE MASS MEDIA

THE FIRST REACTIONS

The mass media immediately reacted to the situation. At first, EMI Latin said that they would terminate sending all recorded material by Selena & Los Dinos.   This led to any even more frantic rush to the record stores, to find whatever was available.

There appeared to be a confusion, although distribution of Selena records was instantly cancelled, within a short period of time. there was product on the shelves.

TELEVISION STATIONS

Taking advantage of the confusion, some stations were able to be objective in their representations of the tragic event, but some sensationalist counterparts - those with sadistic and masochistic programming, encouraged a reliving the pain felt by the public, in an insistent and vulgar fashion, from the death of the super star.

The result was that every one wanted to have their field day. Even the American television stations focused on the news. The very bad news, which is usually what they like to cover such as tragedies, Latinos arrested for drugs,... it was rare if ever, that the American stations covered Selena's career while she was alive.

SPANISH RADIO

The Spanish radio, considers itself, among

those who have presented the tragedy with the most respect. They reported the facts and conducted endless marathons of programming featuring only Selena's music.

It was like they were providing a drop of consolation to their listening audience,... the opportunity to once more listen to this unequaled woman.

FOOT IN HIS MOUTH

But of course, the obnoxious, Howard Stern, had to stick his two disgusting cents into the situation. He took literal advantage of a painful and horrible turn of events, making inappropriate comments, insulting the Quintanilla family and in turn all Latinos in general.

The most horrendous is how he did these things (like everything else he does) in order to raise his popularity, using the name of someone who had just died. He played Selena's most well known songs and vilely as the music played, in the background were gun shots.

"This music doesn't move me at all. I pre-

fer the music of Alvin and the Chipmunks, they have more spirit. Hispanics have the worst taste in music. They have no depth."

Immediately, a massive protest was organized against his insults and against the radio stations that programmed his disgusting and controversial show. The response was so strong, that he was forced to apologize to the Hispanic community in a badly pronounced Spanish. Bo Corona, a Tejano music D.J. in Houston Texas, was outraged by Stern's disgusting and offensive attitude towards Hispanics.

He was among the personalities responsible for enforcing the public apology by Howard Stern Although, Stern later said that he had no idea what he had he was saying, this was the first time that the offensive radio announcer had ever publically apologized.

The best thing would be to have a permanent Boycott of the products which sponsor the radio show, so that the world can see that it is wrong to play with the feelings of Hispanic people. Especially in the manner in which it was handled. The Hispanic public calls for a ... Permanent Boycott of Howard Stern!

SELENA AND THE COMPARISONS

Insistently, the media has tried to compare Selena with: Madonna, Gloria Estefan, Linda Ronstad, Whitney Houston and others.

Between Madonna and Selena, there is a big difference. Madonna has based her success and popularity on constant scandals and the disproportionate baring of her naked body.

Even though she is among the most famous women in the music business, Selena had no reason to envy her, because Selena was genuine... she was the real thing. In life she never needed any controversy to gain popularity.

Between Gloria Estefan and Selena, the commonalty was that they both wanted to mainstream the name of Latinos in the world. Selena would have been able to achieve such accomplishments and more. She had some strong offers from Hollywood, an arena which Gloria Estefan had not yet ventured into.

Selena conquered the Latin public entirely and was ready to move on to new markets.

She could be compared to Whitney Houston because they both share a sensibility

and a great vocal range in interpreting their material.

In the case of Linda Ronstad, the difference is clear. Even though her grandfather was Mexican, it had never been a great concern to her to learn Spanish. She sang in Spanish as a convenience and those records she recorded in Spanish did very well in sales, but she was never able to achieve the same popular appeal among Latinos.

On the contrary, Selena learned Spanish , determinably and consciously, the language of her origins .

As much as one insists on comparing her to others, there is no comparison. Selena was and will always be a unique talent.

CHAPTER 13

THE SELENA CULT

COMPARISON TO FRIDA KAHLO

The famous Mexican painter Frida Kahlo, and Selena Quintanilla Perez, had a lot in common. They were very strong role models for women, especially Latina women. They both lived full lives in a short time, achieving great

artistic heights. They wanted desperately to have children, and they were never given the chance. They both understood too well, what it is to be a woman.

They differed in that Frida Kahlo had suffered many tragedies in her life, including having polio and suffering through her husband's (the world famous muralist, Diego Rivera) infidelities.

Selena had lived a short but seemingly perfect life. She was able to achieve everything she dreamed of and more.

Frida was able to translate her personal and trans-womanly pain through her extraordinary paintings. While she was alive, her talent as an artist was virtually unrecognized. The only reason she gained any fame was due to her marriage to Diego Rivera.

Upon her death, the Frida cult was born. Women all over the world were relating to Frida and her pain and Frida was converted to the Saint of Womanly Woes.

Consequently, her painting rose in value, and they continue to rise. And then there are the by products, the biographies, the art books, the movies, the postcards, the Frida

Kahlo museum,... Who is profiting by all of these sale? Not Frida.

Both Frida and Selena have given a name and face to the issues that, specifically Latin, women deal with on a day to day basis: Maternity, respect, acknowledgment,... When Frida was alive, she did not have a mass following such as Selena. It is very obvious that the SELENA CULT will soon follow. After all, Selena was killed at the height of her career.

THE SIGNS

The response to Selena's death has been overwhelming. So much so that even people who never heard the word Tejano now know who Selena was. Among her followers, though, the emotion has been staggering. Immediately upon announcing her death, a candlelight vigil was organized by a top Tejano radio station.

Over 5,000 people came out. Each with a candle in her honor and a tear from their pain. Anger was also felt among those present and they had to be reminded to maintain calm and remember that Selena was killed by a gun.

Hotel room 158 at Days Inn in Corpus Christi will no longer be available to guests. It has been converted into a Selena Shrine. Messages of love and hope are written all over the door and walls.

People ask for her protection, assured that she is ever-present and looking over them. Flowers and candles are laid out to keep her memory alive. She is being deified and prayers are being sent out to her.

On the trail of her unsuccessful escape from her assassin, her fans search and search, desperately hoping to find one last trace of her. Even specks of her blood remaining on an innocent flower were taken as a souvenir of Selena's life.

It has even been said that the clothes she wore on the day of her murder were mysteriously stolen.

The emotion that Selena's passing has generated is proof of the fact that she can not be easily forgotten. We can only assume the amount of distraught teenage girls, asking Selena's help from above.

Selena was a hometown girl. Corpus Christi will soon be known as Selenaville and

we would not be surprised to find a museum in her honor. This, of course is what happened with Elvis Presley.

His home has become a famous tourist attraction, with many thousands visiting yearly to gaze upon Elvis paraphernalia.

CONCLUSION

Our Selena has departed from the earth, she has been snatched away from us at the moment when we most needed her.

She was a woman of the people, who reached out to us because she needed us as much as we needed her. Without her public there was no Selena the star. But her public embraced her with open arms, for they desperately needed her on disc and in concerts, to inspire them and make them feel they belonged . She sang for us and she spoke for us.

We were just becoming comfortable with

the fact that, at last, there was an important popular personality who could represent Latinos the way they wanted to be represented. She was a role model for Tejanos and Latinos of all kinds. She was true to herself and to her heritage. No games, no masks.

A woman who, with the support of her noble family and loving husband, could display her natural beauty and exceptional talent to the eyes of her adoring public. Selena represented to the world an important and vital Latino persona. Boundless beauty, layered with strong cultural connections, tradition, respect and family unity. This was taken away from us.

Selena's father wants Los Dinos to continue, even though he knows it will never be the same without her. But if she were still alive, she would not want them to disband either.

The mass support of Selena's admirers and their show of affection towards the family, has given them all the strength and courage to deal with the loss of such a wonderful human being.

Soon the English album will be released with the four songs recorded before her death,

one from a previous album and one with David Byrne ex singer of the Talking Heads. Her boutiques will reopen and a new perfume with her name will be launched. She will live on, in her music and her other accomplishments.

But the person is gone.

Nothing will alleviate that pain...our sister is dead.

SELENA ...

WE WILL ALWAYS REMEMBER YOU!!

EPILOGUE

It is in our power to honor Selena by preserving the important heritage that she has left behind her. Selena was a special woman, who, though remarkable young still was able to project important ideas that were far advanced for her tender years.

To honor her memory we must live by the ideals that she believed in. Ideas of tolerance and understanding. She put great value on educatiuon as an important leveling factor and as the hope of su cceeding generations.

Altghough Selena was a a Tejana, a Mexican who grew up in a basically Latin Community, her values were very much those

of a tradiitonal American. She vaued Freedom above everything (except family) and a had very clear and well-defined sense of justice. If she had lived her allotted span of life she undoubtedly would have been an important activist for the rights of all, particularly those of the oppressed minorities that she considered herself a member of.

To honor her we must carry out this mission that was for her a part of her purpose for being on earth. We must not turn our backs on the oppressed. We must not form opinions about others based on their culture or national origin.

Already, Selena was beginning to feel that there were sinister influences at work in our country. She saw the forces of repression beginning to rear their heads like rattle snakes from behind the rocks of the sere dessert.

She early on recognized that there were oppressive forces in some of the constabulary elements who were responsible for such miscarriages of justice in California and the many incidents in which Latino's were being abused and falsely imprsioned or arrested.

There is little question that as her experi-

ence would have expanded so would her sympathy and empathy.

Selena would have raised her voice every time she saw injustice, even at the risk of career or material wealth. It is therefore up to us to continue this erstwhile battle. Speak up, become active, don't leave it to some one else to raise their voice against injustice.

Above all, participate in the process, become a school board member, join a political party, become an activist not a pacifist, just as she would have done.

Selena also loved nature and the incredible beauty of the Great Southwest landscape where she grew up. Selena was appalled by the attempts of some short sighted self-serving so-called political leaders who want to reduce or cut back on the environmental laws that have cleaned up so much of our environment.

As a child, Selena saw how appalling pollution and dirty streams and rivers can be. She would have raised her voice against anyone who wanted to change things back to the good old days when businesses and communities discharged their noxious untreated wastes

into the rivers and streams throughout the country.

Selena would have told you to fight against these retro-environmentalists.

Above all, she valued the public school system which educated her and which offers so much hope to the Latino community.

It is in this spirit that her family announced the formation of the Selena Foundation, dedicated to the education and advancement of Latino children of all extractions. This foundation, which is as of this writing in the Chartering stage will devote itself to these causes, perhaps, in the hope, that a successor Selena will appear to carry on her unfinished work.

END

Un rostro de tristeza. Tal vez un adios prematuro....
Selena shows her classic features, perhaps with a touch of sadness....

Asesina acorralada : Bajo el control de la policía y enfocada directamente por varios canales de televisión. Yolanda Saldívar se comunicaba por teléfono en espera de rendirse o quitarse la vida con la pistola que usó para cometer su malvado crimen. Trás 10 horas de incertidumbre, Yolanda se rindió y declarándose culpable.

(Gramma-Liason/David Adame)

Killer in standoff : Under the control of the police and being watched directly by television cameras, Yolanda Saldívar was talking through a phone waiting to surrender or kill herself with a revolver in her possession. After 10 hours of tense agony Yolanda gave up.

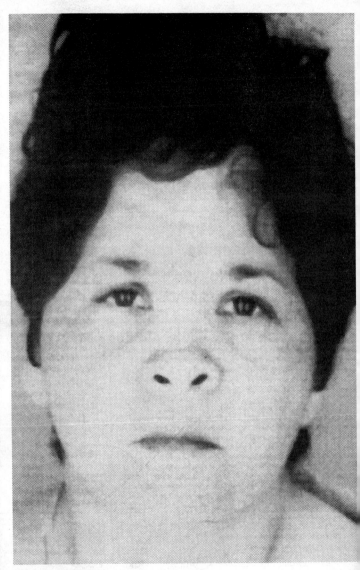

Yolanda Saldívar, la presunta asesina.
The accused Assassin!

Foto promocional para su compañia discografica : Una de sus últimas fotografías tomada para promocionar su último album "Amor prohibido".

(Gramma-Liason)

One of her most recent pictures. EMI used it to promote her last album "Amor Prohibido/ Forbidden love".

Funerales de Selena : En Corpus Christi, Texas el 2 de Abril 1995, miles y miles de rosas blancas se ofrendaron alrededor del ataúd de Selena Quintanilla-Peréz. Trás los rumores que Selena no había fallecido, el padre de la misma se vió obligado a abrir el ataúd para convencer a sus admiradores que efectivamente era ella.

"Funeral of Selena": In Corpus Christi, Texas on April 2nd 1995, thousands and thousands of white roses had been received and strewn around her coffin. After the rumors spread that Selena hadn't died, the father ordered the coffin opened to convince the fans that it was really Selena..

Motel El Rancho Dorado: Aquí estuvo alojada para recibir el premio "Grammy". Entonces, Selena no imaginaba que era tan admirada y querida por miles de admiradores y que había sido capaz de vender más de un millón y medio de discos en Estados Unidos y México. Aquí posa con la gracia y belleza que era tan natural en ella.

(Gramma-Liason/Pam Francis)

"El dorado rancho" Motel: This is where she was staying during the celebration of the Grammy Awards. Selena, then didn't imagine that she had been loved by thousands and thousands of fans and would sell more than 1.5 million discs in the U.S.A. and Mexico. We seeing her posing with natural grace and beauty.

Premio "Grammy": Un elegante vestido lució Selena en la entrega de los premios "Grammy". Su belleza y personalidad resplandecerían en su actuación, en Marzo 1994. A la entrega del premio a la "Mejor Cantante Feminina del año y Mejor Perfeccionista" Selena se cambiaría de traje color lilas, para recoger dicho premio. Todo el mundo estuvo impresionado por su persona.

(Gramma-Liason/Steve Allen)

Selena shows her beautiful figure and sense of style with this form fitting gown. She was often mentioned as one of the most elegantly dressed women at many public functions